MINYING QIYE **民营企业**

**背景特征对成长性的**

BEIJING TEZHENG
DUI CHENGZHANGXING DE
YINGXIANG YANJIU

**影响研究**

祖 峰 著

中国农业出版社

北 京

　　本书出版获渤海大学"民营经济研究院"和"工商管理"学科点建设经费资助，同时本研究也得到辽宁省教育厅项目"民营企业政治关联影响企业成长性的作用机理研究"（编号：0701711）和渤海大学校内博士启动项目"中国民营企业政治关联对企业成长的影响研究"的资金支持，特此感谢！

　　本书为国家社会科学基金项目"大数据对企业非市场战略的影响研究"（编号：14BGL053）、辽宁省教育厅项目"民营企业政治关联影响企业成长性的作用机理研究"（编号：0701711）和渤海大学校内博士启动项目"中国民营企业政治关联与企业成长性研究"的部分研究成果。

# 前　　言

　　诸多研究表明，世界各国企业高管团队的背景特征得到了广泛的关注，特别是在我国"关系型"的社会背景和转型经济体制下，政府掌握着企业所需要的"稀缺资源"的分配权和各种行政制度的审批权，更加促使我国的民营企业对"政治"的热衷与追捧。然而，经验证据显示，民营企业的这种背景特征对于企业的成长性的作用并不完全是积极的，一方面，民营企业背景特征的资源获取效应在某种程度上促进了企业的成长；另一方面，又通过扭曲企业行为在某种程度上抑制了企业的成长。那么，背景特征对企业成长性的影响结果究竟是怎样的？是如何影响企业成长性的呢？带着这样的疑问，笔者开始了本书的撰写。

　　基于研究的理论背景和现实基础，围绕两个核心问题展开：企业背景特征对企业成长性的最终影响结果是促进还是抑制，这是对企业背景特征影响企业成长性的最终结果的求证；企业背景特征是通过怎样的途径影响企业成长性的，这是对企业背景特征影响企业成长性的作用机理的探讨。

　　本书通过理论推导和文献梳理，基于"资源—企业行为—成长性"的逻辑分析框架，分析并总结了企业背景特征对企业成长性影响的作用机理，以此作为构建概念模型的逻辑基础。作用机理可简单描述为：企业背景特征对企业成长性的影响可能存在两条路径，即直接影响路径和中介影响路径；中介路径可归结为规模扩张、范围拓展和效能折损三种中介效应的共同作用；企业背景特征对企业成长性影响的最终结果取决于这两条路径的综合作用。

　　以企业背景特征对企业成长性影响的作用机理为逻辑基础，在分别确定了规模扩张、范围拓展和效能折损三种中介效应变量的基础上，构建了研究的概念模型，确定了变量间的作用关系，并提出相应的理论假设，以及各个变量的测量方法。在经历了多次的样本筛选后，将搜集的数据进行二次处理，得到各变量的具体数值。然后，运用统计方法对样本特征进行了基于企业背景特征和行业类型的分组描述，并对研究的变量进行了统计性的描述和相关性分析。

本书中的回归分析与假设检验采用计量经济学中的固定效应模型，对面板数据进行了多元线性回归，并对所提出的假设逐一进行检验，对假设检验结果加以讨论。由此得出结论：企业背景特征对企业成长性具有负向的影响；规模扩张效应在企业背景特征对企业成长性的影响中具有正向的中介作用；范围拓展效应在企业背景特征对企业成长性的影响中具有负向的中介作用；效能折损效应在企业背景特征对企业成长性的影响中具有负向的中介作用；由于范围拓展效用和效能折损效用的负向中介作用小于规模扩张效应的正向中介作用，因此规模扩张、范围拓展和效能折损效应的综合作用在此影响过程中表现为正向的部分中介作用，从而不能排除企业背景特征对企业成长性的影响存在其他途径的可能。在对研究结果加以讨论之后，提出一些对企业的管理启示：企业应该在充分发挥规模经济性的前提下，注意政治战略与企业资源的匹配性；企业对待自身的背景特征不能顾此失彼，须兼顾企业核心能力的培养。

研究的创新和理论贡献在于：为体现企业成长性的动态变化，其评价体系中的指标均采用了增长率的形式；对背景特征影响企业成长性中介路径进行了综合考察，是一次新的尝试；研究结论对背景特征影响企业成长性作用机理的探索具有一定的理论意义。研究的局限性表现为：某些变量的度量和选取有待改进；虽然对背景特征影响企业成长性作用机理的探索具有一定贡献，但仍然未能获得完整的作用机理。

鉴于此，本书对背景特征与企业成长性的研究方向提出基于个人观点的展望：对于企业背景特征的科学度量仍然是本研究领域的难点，有待进一步的完善；企业背景特征对企业成长性影响的作用机理的探索方兴未艾，可能存在其他的作用路径等待被发现；背景特征与企业的绩效或者成长性之间是否存在着"逆向选择"问题，即企业的绩效或成长性反过来是否会影响到企业的政治寻租行为，可能会成为该研究领域的一个新的角度。

# 目　　录

前言

# 第 1 章 绪 论

本章主要阐述了研究的现实背景和理论背景，在此基础上提出研究的核心问题，论述了研究的意义，明确了研究对象。

## 1.1 研究背景

### 1.1.1 现实背景

企业高管团队中具有背景特征的现象普遍存在于世界各国。企业通过政治寻租而获得的"政治资源"为企业提供了诸如融资便利、市场准入、产权保护和政府补贴等一系列优惠政策。这使得政治关系越来越受到企业的重视，企业的背景特征亦受到世界各国企业的追捧。Faccio（2004）通过对来自 47 个国家的企业的调查显示，绝大多数公司的实际控制人和高管都与国会或政府具有背景特征。而在我国这种现象更为普遍，我国众多的民营企业家对人大代表和政协委员等政治身份积极争取的热度不减，或通过其他直接或间接的方式与政府建立各种显性或隐性的背景特征，企业的政治地位在民营企业界也备受关注。2003 年 1 月 22 日新华网发表了题目为"十六大后，非公经济人士纷纷登上中国政治舞台"的电文，描述了在十六大结束两个月后的私营企业主的参政热潮。冯天丽（2009）的研究主要聚焦于中国私营企业家建立背景特征的意愿，这种意愿受到制度环境的影响很大，另外企业规模越大，企业家建立背景特征的愿望越强烈。与国外相比，我国民营企业对政治的"兴趣"是有过之而无不及，这是由我国体制和经济转型期的特点，甚至是国家文化决定的。我国著名的国学大师梁漱溟在其著作《中国文化要义》中对比了中西方在文化与生活方式上的差异，书中充满了"问题意识"，在揭示了中华民族精神要旨的同时，又批判了中国文化的病垢，将中国定位为一个关系本位的社会。在我国，这种事事"求人""托关系"的现象是每个生活在其中的个人、组织都感同身受的。长期以来,这种对权利的敬畏和追捧已深深地植根于中国文化之中。同时,我国处于经济体制的转型期,市场经济发展还不够完善,国家对于经济的宏观调控、产业发展和行业布局仍具有主导作用,表现为我国的各级政府掌握着诸多"稀缺资源"的分配权和重要的行政审批权。如果将政治本身也看作是一种资源,便形成了对"政治"这种资源的供不应求的卖方市场。在这个市场中,必然导致作为买方的企业,通过各种渠道和方法与作为卖方的政府取得关联,目的就是获得自己需要的"政治资源",这便是企业的政治寻租行为,其手段就是建立自身的背景特征。相关调查研究显示,中国的民营企业主最为看重的关系是与政府的关系,其次是与银行的关系。中国民营企业主的这种"偏好"不难看出,资源和资金的约束是中国民营企业发展中的最大障碍,而背景特征正是扮演了"清障车"的角色。企业背景特征的客观存在性毋庸置疑,在我国超过50%的民营企业具有不同等级的背景特征①。与此同时,我们也在思考,既然背景特征起到了"清障车"的作用,为什么我国民营企业的发展却相对滞缓?为什么我国的民营企业却鲜现于世界企业界的舞台?为什么中国的民营企业很少能与世界上著名企业抗衡呢?这不禁让我们思考起企业背景特征对中国民营企业成长的真正意义。

基于我国体制、经济和文化背景及企业背景特征在我国民营企业界客观存在的现实,带着我们对中国民营企业发展现状的担忧和疑虑,去探求企业背景特征对企业成长性影响的作用途径,这无疑具有重要的现实意义。

## 1.1.2 理论背景

国内外现有文献对企业背景特征方面的研究成果比较丰富,主要涵盖了企业背景特征的认定、背景特征的度量、背景特征对企业绩效的影响等,但涉及背景特征对企业成长性影响方面的研究并不丰富。应该说企业的绩效与企业的成长性是紧密相连的,企业没有良好的短期盈利能力,何

---

① 本书第六章表6-1。

谈成长与发展。但两者又有着明显的不同，绩效只是通过一些财务指标来反映企业静态的盈利能力，而成长性则关注的是企业动态的发展能力，考察的是企业在一定时期内的发展增速和趋势，它是以良好的企业绩效为基础的。因此对于成长性的度量有必要区别于企业的绩效，但在影响作用和影响路径方面却可以相互借鉴。通过相关理论的借鉴和文献梳理，对背景特征与企业绩效或成长性的理论背景归纳如下：

第一，企业背景特征对企业绩效或企业成长性影响的研究，尚无统一结论。

虽然学术界对企业背景特征与企业发展关系的研究角度各异，研究方法也不尽相同，但总的来讲，其观点可归为两大类。

第一类观点认为企业背景特征对企业发展具有促进作用，代表性的研究主要有 Fisman（2001）、Charumilind（2006）、Claessens（2006）、Goldman（2006）、Akexandra Niessen 和 Stefan Ruenzi（2010）、Hangyang Li 和 Yan Zhang（2007）、卫武等（2014）、胡旭阳（2006）、吴文锋（2008）、胡永平（2009）、孙晶（2012）等，这些学者主要从企业背景特征所带来的融资便利性、政府补贴、税收优惠和产权保护等方面论述了背景特征对企业的价值、财务绩效和成长性等方面的正向影响。

第二类观点则认为企业背景特征对企业发展具有负向的抑制作用，代表性的研究主要有 Shaffer（1995）、Shieifer 和 Visbny（2000）、Faccio（2002，2006）、Chen（2006，2010）、邓建平（2009）、王永进（2012）、杨其静（2011）、冯延超（2011）、于蔚（2016）等，这些学者主要从背景特征所带来的负面效应，包括扭曲社会资源分配、加剧非公平的市场竞争、背景特征成本的增加、企业社会负担的加重、多元化"折价"和效率、能力损失等方面，论述了背景特征对企业发展的抑制作用。

由此可见，企业背景特征对企业发展的影响作用仍然在争论之中，尚无定论，同时也为从事该领域研究的学者提供了继续探求真理的动力，并为后续的研究提供了坚实的理论基础。由于篇幅的限制，上述学者的主要观点将在下文加以总结和概括，在此暂不展开叙述。

第二，企业背景特征对企业成长作用路径的研究不够完善。

现有文献关于企业背景特征对企业可能获得的政治资源的研究较为丰

富，关于企业背景特征对企业发展的研究也颇为常见，但针对企业背景特征对企业成长性影响的作用机理的研究并不多见，特别是缺少更具说服力的实证研究，此方面主要代表性的研究有：

胡旭阳（2006）从契约实施环境的角度论证了企业背景特征对企业绩效的影响。冯延超（2011）从企业关联成本角度出发，实证研究了民营企业背景特征与企业效率的关系。孙晶（2012）通过对多元化战略的中介作用的实证研究，得出企业背景特征的纵向强度和横向强度均对企业成长性具有积极的正向驱动作用，其中多元化强度和多元化类型起到中介作用。杨京京（2012）以地域多元化和行业多元化为中介变量，实证研究了民营企业背景特征与企业的短期绩效和长期成长性的关系，并指出民营企业地域多元化与企业的短期绩效负相关，但与长期成长性正相关；民营企业行业多元化程度与企业短期绩效负相关，与长期成长性没有显著关系。

于蔚（2013）从经济学的视角论述了企业背景特征对企业发展的影响，指出规模和效率是企业背景特征资源效应的两种企业行为结果，政府对于企业究竟是"扶持之手"还是"掠夺之手"，是两种效应的综合作用结果。这也是企业背景特征对企业发展影响途径的一次新的阐释和探索。

通过分析上述研究，可见目前关于企业背景特征对企业成长作用路径的研究较多局限于关联成本或多元化战略的单一路径的研究。相比之下，于蔚（2013）的研究是对作用路径的一次综合性尝试，但研究变量是基于经济学的理论推导，研究路径也有待完善。鉴于此，企业背景特征对企业成长作用综合路径的研究就成为本书重要切入点。

## 1.2  研究意义

政府与企业的关联一直是学术界热烈讨论的话题。一方面，企业作为经济活动中的主体是社会财富创造的源泉；另一方面，企业的经营和发展又在政府所设定的法律和体制框架内进行。一个公平、健康、高效、廉洁的政治经济环境是政府与企业都期待的美好愿景，因此，本书从社会和企业两个角度阐释本研究的意义。

## 1.2.1 社会角度

企业背景特征的本质是一种寻租行为。寻租行为产生的根本原因是政府对经济制度的干预和管制。寻租理论发展至今，尽管不同学者对其阐释与理解的角度各异，但对寻租行为存在着一个普遍的认识，也就是政治寻租行为导致了高度的腐败现象，产生了社会资源的浪费，造成了社会福利的损失。

Tullock（1967）对寻租问题进行了开创性的研究，他发现美国垄断福利损失水平偏低，开始考虑是否存在一种没有被考虑到的行为造成了这样的损失，而这就是所谓的寻租行为。Tullock（1974）在其研究中阐述了寻租行为导致了社会福利成本转移的事实。Tullock（1994）从经济学的视角全面分析了寻租活动的社会成本和福利损失。

Shleifer（1993）研究了关于腐败的两个命题：一是政府不控制机构规模导致了高度的腐败；二是腐败的私密性使政治寻租的相关行为更加扭曲，寻租成本更加高昂。Shleifer（1994）研究了国有企业私有化谈判过程中的寻租活动，将企业对政府的贿赂引入模型。Shleifer（2000）又指出政治寻租行为导致了腐败和官僚，最有才华的企业家将注意力转移到政治寻租的非生产性活动，这正是政治的掠夺性后果。

Mauro（2004）指出越来越多的人开始认识到腐败对经济增长存在实质性的不利影响，并分析了腐败现象无法根除的原因。

Meon 和 Sekkat（2005）评估了 1970—1998 年 71 个国家的腐败治理效果，分析了腐败对经济增长和投资的影响。

Khwaja（2005）以企业作为寻租载体的微观视角，研究了租金规模的识别、租金的具体提供机制以及寻租造成的经济影响等，阐释了寻租活动对社会和企业带来的双重负面效应。

陈钊等（2008）研究探讨了民营企业取得企业背景特征的途径和影响要素，得出结论，企业家个人的政治面貌、家族政治背景和企业的经济实力更容易获得背景特征。一方面说明了企业背景特征具有一定的传承性，这种传承性实际上就是政治地位和身份的垄断获取权；另一方面说明了以政治资源获取为目的的寻租行为改变了社会资源的公平分配原则，那些拥有先进技术和良好业绩的企业可能由于没有企业背景特征而在资源分配中受到"歧视"。

张维迎（2001）的研究发现民营企业用于背景特征上的时间和精力占到了全部精力的 50%以上，以便处理与维系与政府官员的关系。

可见，政治寻租行为所引发的资源分配的扭曲、垄断的低效率、社会福利损失和对企业桎梏是客观存在的，并引起了学术界的关注。

## 1.2.2 企业角度

企业通过政治寻租行为，建立自身的背景特征，旨在把政府当作建立并保护垄断的工具。通过获得这种供不应求的"稀缺性"政治资源，促进自身的经营与发展。这种寻租行为对整个社会的福利损失和经济增长的负面作用毫无争议。但寻租行为影响企业发展微观视角的研究结论却存在争议。早期关于企业背景特征对企业绩效正向影响的论述并不鲜见，但随着寻租论在中国的不断深化与发展，特别是近些年来，越来越多的学者开始质疑企业背景特征对企业影响的真正作用。一些实证研究的结果显示，企业对于背景特征的追求是"得不偿失"的，它增加了企业的显性或隐性的非生产性支出，加重了企业的政策负担，弱化了企业的创新意识，对企业的长期发展是不利的。

基于上述微观、宏观的理论视角和现实背景，如果能够为中国民营企业提供一个具有说服力的、关于企业的政治寻租结果的展示，相信定会对中国的民营企业起到点拨与启示的作用。同时，也会对政府的自身廉政建设和经济体制改革起到一定的促进作用，从而实现从政府和企业两个行为主体抑制寻租行为的目的，这无疑具有重要的理论价值和现实意义。

## 1.3 问题的提出

通过以上现实背景和理论分析可以看出，企业背景特征对于企业经营绩效的影响已经引起了管理界的关注，但关于背景特征与企业成长性的研究成果并不丰富，对于背景特征是否有利于企业绩效和成长性还存在着争论，同时背景特征对企业绩效的作用路径的分析不够全面。据此，本书结合资源基础观、寻租理论和企业成长等相关理论，探讨背景特征与企业成长性的关系。具体来说，围绕如下两个核心问题展开讨论与分析。

第一，企业背景特征对企业成长性的影响是促进作用还是抑制作用？

面对学术界对背景特征这一现象所持有的正反两种不同的观点，从现实经验的角度加以分析和论证。首先，来看正向的观点。这种观点比较容易解释中国民营企业积极参与"政治"的现象。对企业来讲，建立背景特征不是目的，而是手段。企业通过这一手段实现获取政治资源的目的，诸多学者对此进行了较为充分的论证：Faccio（2002，2006）、Johnson 和 Mitton（2003）、Mian 和 Khwaja（2006）、Adhikari 等（2006）、Charumilind 等（2006）、Claessens 等（2006，2008）、Aug 和 Boyer（2007）、Agrawal 和 Knooeber（2001）、胡旭阳（2006，2009）、吴文锋等（2009）、余明桂等（2008，2010）。表面上看，企业背景特征在企业资金获取、市场准入等方面的效应对企业的发展具有明显的促进作用，从而很好地解释了企业在现实中的这种政治寻租行为。第二种观点则认为企业背景特征对企业发展具有抑制作用，这却很难解释现实中企业对"政治"的热衷现象。由于企业是以利润最大化原则为前提的营利性组织，那么按照第二种观点，既然企业背景特征对企业的发展具有抑制作用，会降低企业的绩效，企业为什么还要进行政治寻租呢？这种现实与理论的"矛盾"促使我们去求证企业背景特征对企业成长的真正影响效果，也是本研究的重要切入点之一。

第二，如何较为全面地探求企业背景特征对企业成长性作用机理？

企业背景特征对企业成长性的影响是正向的也好，是负向的也罢，这只是一个结果，是本研究需要解释的首要问题。接下来研究"为什么会这样"的问题。这就需要从一个新的视角去挖掘企业背景特征对企业成长性影响的作用路径。

本质上讲，建立企业背景特征是一种寻租行为。而寻租理论告诉我们，"寻租"是一种非生产性行为，其收益的表现形式没有生产性的"寻利"行为来得那么直接和容易观测，而是表现为寻租主体获得的"稀缺资源"的分配权。至此，我们不去遵循寻租理论所关心的垄断的低效率和社会福利损失的研究路径，而是沿着企业行为的微观视角去分析。当企业获得了通过政治寻租而获得的资源后会怎么做呢？这种对企业行为的内生反映的研究视角，正是将"政治资源"具体化的过程，最终会影响到企业的绩效与成长。

因此，本研究基于企业行为的微观视角，从具有背景特征企业行为的内生反映结果的角度，来分析企业背景特征对企业成长性的影响。通过大量的文献阅读和梳理，将企业背景特征对企业的资源效应所产生的结果归结为三个中介效应，即规模扩张效应、范围扩展效应和效能折损效应，分别讨论这三个效应对企业成长性的影响，进而得到企业背景特征对企业成长性的中介路径的综合影响效果，形成了"资源—企业行为—成长性"理论框架，这是企业背景特征对企业成长性影响的综合路径的新探索。

## 1.4　研究对象

本书的研究对象为我国民营上市公司。民营上市公司是我国民营企业中的优秀代表，一般多为业绩优良的企业。根据研究需要，须对其进行较为清晰的界定。现有的理论研究对民营企业的概念界定并不统一，本研究将其进行了归纳和总结，代表性的观点是从两个角度加以划分。第一个角度是从经营权的角度，即无论企业的所有权是"国有"还是"私有"，只要经营权是属于私人经营的，就界定为民营企业。因此根据这种观点，一些"国有民营"企业也划归为民营的范畴。第二个角度是从生产资料所有权的角度进行划分的，其中包括以生产资料私有制为基础的企业：城乡集体企业、个体私营企业、合资企业和各种形式的合作企业；与之相对应的是以生产资料公有制为基础的国有企业。本研究采用第二种划分方法，对民营企业的界定是相对于国有企业而言的，是以生产资料私有制为基础，包括上述多种企业形式的总和。

本研究初步将所有权作为民营企业的界定标准，但由于研究对象还有一个约束条件，就是上市公司，而上市公司的所有权结构往往又比较复杂。严格地说，上市公司的每个股东都是公司的所有者，因此不应该得到公司是谁与不是谁的论断，此时就需要看是谁掌握公司的控制权。一般来说，对上市公司的控制权是由股东的持股比例决定的。通常认为，上市公司的最终控制人是第一大股东，但实际情况也有例外，比如存在股权托管、关联股东共同控制和"一致行动人"的情况。由于公司的最终实际控制人对企业的战略发展和日常经营来说，是最为核心和关键的决策者，因此，本研究将民营上市公司界定为公司的最终实际控制人为自然人或家族的企业。这一标准同样也得到了诸多用于企业管理研究的数据库的支持，是目前对于民营上市公司较为一致的界定方法。

# 第 2 章　国内外研究现状

通过对研究文献的梳理，可知关于企业背景特征的研究是从内涵和度量方法两个角度进行的，关于企业成长性的研究是从影响因素和评价两个角度进行的，关于企业背景特征与企业成长性关系的研究是从企业背景特征的资源效应和企业背景特征对企业成长性的正负作用两个角度进行的。

## 2.1　企业背景特征的研究

### 2.1.1　企业背景特征的内涵

企业背景特征的内涵是指政治关联的表现形式，是从"认定"的角度去理解企业背景特征的本质，是对企业背景特征度量的基础，也是对其概念加以界定的前提。现有研究从不同的角度对企业背景特征加以认定，主要代表性的观点如下：

Fisman（2001）将企业管理者与政府官员之间的私人关系视为企业的背景特征，其关注的是隐性的背景特征。因为隐性背景特征的私密性和隐蔽性，在现实研究中无法将其量化，所以一些学者又从其他角度对企业背景特征加以认定。

Bertrand（2004）认为如果公司总经理曾经或现在在政府任职，则该企业具有背景特征。

Khwaja、Main（2006）和 Claessens 等（2008）从企业对政治竞选候选人捐赠的角度去认定背景特征。他们认为，如果企业对候选人进行了捐款，则该企业有背景特征。一旦候选人竞选成功，那么企业之前的捐赠便建立了与执政者的联系。

Faccio（2006）认为如果公司的控制人或决策者（企业的大股东、董事会主席、总经理等）在各级政府任职（包括国会、州政府或地方政府等），或与政府的高级官员存在"密切关系"[①]，则认为该公司具有背景特征。Faccio 的这种界定方法能够反映公司高管与政府部门的直接关系，被国外研究广泛应用。

Goldman 等（2009）对将政治竞选捐赠视为背景特征的观点持反对意见，他认为捐赠是特殊时期的行为，是候选人当选之后的事前行为，这种方法不能客观地反映企业的政治影响，存在缺陷。

由于我国政体不同于西方国家，是人民代表大会制度，人民行使国家权力的机关是全国人民代表大会和地方各级人民代表大会。在民主集中制原则的指引下，我国实行中国共产党领导的多党合作和政治协商制度。人民政协的主要职能是政治协商、民主监督、参政议政。基于我国体制背景，"两会"代表作为最为重要的政治经历之一，被国内很多学者采纳，提出了适合于中国的企业背景特征的认定标准。

贾明和张喆（2010）在研究中考察了上市公司的董事长或总经理，如果他们具有曾经的或现在的政治经历，就认为企业存在背景特征。

杨京京（2012）研究统计了上市公司董事会和高管团队中具有政治背景的人数占总人数的比例，并以此来衡量企业的背景特征程度。

章细贞（2015）将企业的董事长或总经理具有中央或地方政府工作经验定义为背景特征，包括"两会"代表和政府工作经验（含军队）。

于蔚（2016）同样将政治经历界定为曾任或现任"两会"代表、政府或军队任职。只要董事长或总经理有一人具有上述政治经历，就认为该企业是具有背景特征的企业。

综上所述，国内外学者对企业背景特征的界定通常是通过考查企业高管与政治的关联去认定企业的背景特征的，基本思想是统一的。但由于我国的体制特点，国内学者结合我国的政体和基本行政制度，做出对我国企业背景特征的阐述，对本研究的借鉴意义更大。需要指出的是，现有文献对企业背景特征的认定都是建立在"显性"背景特征基础之上的，是建立在法律和制度框架内的。对于企业与政府之间的"私密"联系是处于法律

---

① Faccio M，Masulis R W，Mcconnell J J. Political Connections And Corporate Bailouts［J］. The Journal Of Finance，2006，61（6）：2597－2635.

与制度框架的边缘地带，具有"隐蔽性"，相关信息的可得性具有相当大的难度，因此现有研究只关注了"显性"的背景特征，将企业高管是否具有曾经或现在的政治工作经历作为认定背景特征的标准，并广泛地应用在学术研究中。

## 2.1.2 企业背景特征的度量方法

背景特征的度量是指将已被确定具有背景特征企业的背景特征的程度通过数理学的一些方法加以量化的过程，以便在实证研究中将背景特征作为变量赋值后，进一步探讨与其他变量的关系。

对背景特征的度量一直是此领域研究的难题，因为背景特征对企业的"实际功效"只有通过长期对企业的跟踪调查才可以获得，但事实上这根本是不可行的。一方面，企业不愿透露这种"政治功效"，排斥此类调查研究；另一方面很多大样本的实证研究也决定了这种调查的不可行性。因此，现有文献大多从可以获得的公开的企业政治背景数据出发加以研究，可概括为虚拟变量法、比例法、赋值法三种方法，主要的代表性研究有：

Fan（2007）基于790个中国公司样本数据，用虚拟变量法衡量企业背景特征，分组对比分析了CEO的背景特征对企业收益的影响；胡永平（2009）用虚拟变量法区分企业背景特征，实证研究了董事长和总经理的背景特征对企业绩效的影响；余明桂（2008）同样使用虚拟变量法度量企业背景特征，探讨了背景特征企业的融资便利性；田利辉（2013）采用虚拟变量法，以资本结构为视角，探讨了企业背景特征与企业绩效之间的关系；于蔚（2016）采用虚拟变量法探讨了企业背景特征对企业效率损失的影响。

应用虚拟变量法的文献较多，在此不一一列举。虚拟变量在计量经济学中又被称为哑变量，是一种取值为0或1的离散型变量。其主要功能是实现对变量的分组，故有时根据变量功能又被称为分组变量。用虚拟变量对企业背景特征的度量实际上就是对企业样本的分组，即如果存在背景特征变量取值为1，如果没有背景特征取值为0。方法简单易用，成为企业背景特征相关文献广泛采用的方法之一，但其局限性显而易见，这种方法只区分了背景特征的有或无，没有反映背景特征因层级不同而导致的强度差异，由此比例法应运而生。

陈冬华（2003）在研究上市公司的董事长的政治背景与政府补贴的关系时用到比例法；罗党论和黄琼宇（2008）应用比例法衡量企业背景特征，研究其与企业融资约束之间的关系；邓建平和曾勇（2009）用具有政治经历的高管在团队中所占比例来衡量企业背景特征，进一步研究其与企业绩效之间的关系。

比例法用具有背景特征管理者人数在管理团队中的占比来刻画企业背景特征，取值为 0 和 1 之间的连续型变量，但仍然不能很好地说明企业背景特征的强度。这就好像是"量"和"质"的区别，数量多不一定质量高。于是学者权衡上述两种方法的利弊，在分组的基础之上加以赋值，试图能较好地反映企业背景特征的强度。

胡旭阳（2006）对不同级别的"两会"代表、政府或军队任职用赋值加以区分，体现企业背景特征强度。

潘克勤（2009）以董事长、总经理或实际控制人作为企业背景特征的考察对象，将背景特征的层级分为国家级、省级、地市级、县级和无关联五个等级，由高到低分别赋值来区分企业背景特征的强度。杜兴强等（2009）在研究中将政府官员类和"两会"代表、委员类的政治背景加以区分并赋值来考察企业的背景特征。章细贞（2015）在其研究中将企业背景特征划分为中央级别和地方级别（中央级别以下）两个层级进行赋值，来讨论企业背景特征对企业成长性的影响。张多蕾（2013）根据企业背景特征的层级性、规模性和实效性特点运用层次分析法对企业背景特征加以综合评价。

可见赋值法本质上是对虚拟变量法的拓展，能够在一定程度上反映企业背景特征强度。但需要注意的是赋值过程越复杂，涵盖的变量越多，赋值结果的主观性也越强，因此在应用此方法的时候，只要将背景特征的强度有所区分就可以了。这种方法在近几年来的研究中应用较为广泛。

综上，本研究采用对上市公司高管的政治背景进行认定，同时兼顾背景特征的强度对企业成长性的影响，采用赋值法对企业的背景特征加以度量。

## 2.2　企业成长性的研究

本书从两个角度来对企业成长性的研究文献进行梳理。第一个角度是分析影响企业成长性的各种内因和外因，这对于发现企业成长性的前因变量具有一定的借鉴作用；第二个角度是从对企业成长性的评价角度加以分析。企业成长性是企业的动态综合能力的反映，通常是通过建立一个多层次、综合性的指标评价体系进行，使用最为广泛的方法是主成分分析法，还有突变级数法等其他方法。这为本研究对企业成长性的评价提供了在指标选取和统计学方面的借鉴。

## 2.2.1　企业成长性的影响因素

影响企业成长性的因素有内部因素和外部因素之分。企业成长理论和相关研究文献最早是从关注企业外部因素开始的，即企业外生成长理论；后来随着企业内生成长理论的兴起，影响企业成长性的内部因素受到了广泛的关注。实际上，影响企业成长性的内部因素和外部因素的界限并不是那么的泾渭分明，从相关文献的主要观点可以看出，很多文献关于企业成长性影响因素的描述同时涵盖了内部和外部的因素。代表性的研究主要有：

Sleyin 和 Covin（1990）指出企业对外部环境变化的适应性和企业自身对成长的主动性，决定了企业成长的快慢。同时，企业的资源和能力决定了其对市场竞争环境的适应性，是促进企业成长的重要因素。

Copper（1994）认为企业的利益相关者和外部环境是影响企业成长的外部因素；同时，企业资源的共享、企业文化和员工特征及管理者个性等是影响企业成长的重要内因。

Ghosh（2001）以新加坡 50 个绩优企业为样本，实证分析了影响企业持续成长的因素，主要有优秀的管理团队、有效的战略实施、精准的市场细分与定位、持续的盈利能力和完善客户关系管理。

Wang Yonggui（2002）以具有高增长性和低增长性的中国企业为研究样本，研究了企业成长的影响因素。得出结论：企业的多元化战略和创新战略对企业成长性具有促进作用；高管团队的平均年龄和公司实际控制人的年龄与企业的成长性正相关；同时企业高管的教育背景、技术型员工数量、公司规模与成立时间都对企业的成长性具有显著影响。

Jane W. Lu（2006）研究了日本企业的成长性评价因素。研究认为企业的出口与直接对外投资对企业的短期绩效具有负向的影响，但对成长性具有正向影响。

Cassia L（2010）比较了意大利小型企业和中型企业成长性的影响因素，研究发现企业的针对性投资、风险承担能力和发展的欲望显著影响中型企业的成长。

Syed Fida Hussain Shah（2013）研究了企业在成长中所面临的挑战和问题，其研究结果几乎涵盖了影响企业成长因素的各个方面，认为管理者的经验对企业成长起到了至关重要的作用，特别强调了核心部门，如销售、财务、人事、运营和客户关系管理的作用。并建议企业管理者应将企业塑造成学习型组织，以提升企业在技术和管理方面的核心能力，来对抗竞争压力和内部的融资约束等问题。

Sandven T.（2013）指出，长期以来，通常将企业成长归因于通过创新活动而形成的独特能力。他使用挪威企业在 2006—2009 年雇主与雇员的登记数据进行分析，研究了企业地点和员工的教育背景与企业成长之间的关系。结论显示，公司所在地点的外部经济环境较好和员工的教育水平较高均能使企业的成长增速。

Jiahui M A（2015）研究了资本结构对公司绩效的影响，研究中发现企业的规模、股权集中度、盈利能力、增长能力、偿债能力和资产抵押价值会影响到企业的资本结构，继而影响到企业绩效。

国内对企业成长性影响因素的相关研究是在借鉴国外相关研究的基础上，结合我国的实际情况而进行的。代表性的研究主要有：

张维迎（2005）通过对中关村产业园区的高新技术企业的成长性影响因素的实证研究发现，企业规模和年龄、技术效率、研发投入和负债率等因素对企业成长具有至关重要的影响。

吴灏文等（2007）从上市公司现金股利的视角，探讨了其对公司成长性的影响。结论显示：高水平的现金股利政策对公司的成长性具有抑制作用。

范纪珍（2008）从公司财务杠杆的角度，分析了其对企业成长性的影响。研究结果表明，高比例的财务杠杆，即较高的资产负债率水平对公司的成长性具有负向的影响。

杜传忠（2012）运用 2005 年世界银行企业投资环境调查的数据，研究了经济转轨期，中国企业成长的影响因素。结论显示：市场竞争、融资约束、政府税收和国有经济是影响企业成长的主要因素。

陆亚东（2013）提出了企业成长战略的"复合基础观"，建立了关于企业成长的复合式能力提升的"learn"模型，包括结构柔性、竞争共生网络、市场熟悉程度、企业家精神和领导能力。

综上所述，尽管研究的角度各异，但在对于企业成长性影响因素的论证中，普遍认为公司的规模、多元化战略、创新能力、盈利能力和管理者特质在企业成长中扮演着重要的角色。

## 2.2.2 对企业成长性评价的相关研究

企业成长性是以企业价值增长为最终目标的发展过程。如何量化地评价企业的成长性是众多研究特别是实证研究需要解决的首要问题，国内外主要的代表性研究有：

Mac Millan 等（1997）在对中小型高技术企业的研究中，指出企业管理者的教育背景和经验、企业产品或服务的差异性、所处市场环境的竞争情况、企业的财务状况和企业的团队合作意识是评价企业成长性的重要维度。

Rik Donckels 和 Asko Miettinen（1997）对企业成长性相关文献进行了梳理，提取出被普遍使用的用于评价企业成长维度的几个方面，包括企业的雇员规模、企业的市场占有率、企业固定资产总额、企业的销售规模和企业自身能力。

Laurence G Weinzimmer 等（1998）通过对 1982—1998 年关于企业成长性评价文献的梳理，比较了不同研究在企业成长界定和度量方面的差异，指出将企业成长性定义为规模扩张和盈利能力的提升过于片面。在此基础上，将企业的总资产的增加、销售的增长、雇员人数的增加及每股收益盈余增长等，作为评价企业成长性的指标。

Delmar（2003）以瑞典企业为研究样本，通过学术界对 19 种评价企业成长性的方法的对比，设计了指标评价体系，并比较分析了高成长和低成长性公司的差异性。

与国外研究相比，我国关于企业成长性评价的相关研究，开始于 20

世纪 90 年代。这些研究主要是在对企业成长的评价指标体系的建立和完善方面。

吴世农等（1999）认为影响成长性的五个关键因素是资产周转率、销售毛利率、负债比率、主营业务收入增长率和期间费用率，并据此建立了上市公司成长性的判定模型。

范柏乃等（2001）以我国 90 家风险企业为研究样本，设计了分为两个层次含有 20 项指标的企业成长评价体系，并以调查问卷的方式对变量进行测量，为后续研究提供了重要的借鉴。

陈晓红等（2004）建立了包含三个层次的多指标评价体系，建立了基于突变级数理论的企业成长评价模型，并应用该模型对 82 家中小上市公司进行了成长性的评价和排名。

王青艳（2005）的研究将国外文献中用于评价发达国家公司的成长性的方法进行了本土化，发现同样适用于中国企业。并进一步研究了企业的公有化程度与成长性的关系，发现了两者负相关关系。

陈晓红（2008）以中小上市公司为研究样本，将"在险价值"因素加入她之前研究所建立的指标体系中，运用突变级数法对企业的成长性进行了排名，得出了企业的成长性排名与市场风险显著负相关的结论。

夏清华（2010）对 2000—2010 年的 132 篇关于企业成长性实证研究文献进行了分析，分析角度包括四个维度，对企业成长性评价方法主要表现为多元回归分析和结构方程的应用。

刘金林（2011）建立了包含 20 个变量的企业成长性评价指标体系，并运用主成分分析法，提取了 7 个主成分，最终得到了企业成长性综合得分。

刘倩（2011）以首批在创业板上市的 28 家企业为样本，从偿债能力、营运能力、盈利能力和成长能力四个方面建立企业成长性指标体系，并运用主成分分析和聚类分析得到成长性得分及不同行业企业的成长性差异。

张秀生（2013）选取净资产收益率、主营业务收入增长率和总资产增长率作为企业成长性的评价指标，用主成分分析法提取了一个主成分作为成长性的评价标准。

冯昀（2013）以 2011 年末以前在创业板上市的 272 家民营企业为样本，研究了企业成长性。建立了能够体现盈利能力、偿债能力、营运能力、技术创新能力和发展能力的指标体系，运用主成分分析对企业的成长性进行了评价。

章细贞（2015）建立了包括盈利能力、现金获取能力、规模扩张能力和资产营运能力的 14 个指标在内的企业成长性的指标体系。

通过近年来国内关于企业成长性评价的相关研究不难发现，建立适合的指标体系，然后用主成分分析法进行成长性的综合评价的思路应用较广。本研究也依据上述的思路，借鉴前人研究的相关结论，设计我国民营企业成长性的指标评价体系，运用主成分分析法来对我国民营上市企业成长性进行综合评价。

## 2.3　企业背景特征与成长性的研究

通过以上现实背景和理论分析可以看出，企业背景特征作为自变量影响企业价值或企业绩效现象得到了学术界的关注。虽然企业背景特征与企业成长性严格匹配的研究并不丰富，但企业价值、企业绩效与企业成长性紧密相关，可为本研究提供借鉴与参考。对企业背景特征与企业成长性研究的相关文献从三个方面进行梳理：企业背景特征与资源获取；企业背景特征对企业成长的正面作用；企业背景特征对企业成长的负面作用。

### 2.3.1　企业背景特征与资源获取

企业之所以通过各种渠道与政府建立关联，其目的是为了获得政治资源来促进自身的成长。诸多学者从不同的角度对企业可能获得政治资源进行了论证，包括通过便利的融资获得贷款、更多的政府补贴和税收优惠来缓解资金的约束，通过政府的行政权力获得市场的准入资格，降低了行业的壁垒，通过更优先的政府援助进行产权保护等。

Faccio（2002）基于来自 42 个国家企业样本，研究了企业背景特征与企业的贷款水平以及市场地位之间的关系。得出结论：具有背景特征的企业由于政府的"偏爱"，其市场地位高于无背景特征企业；同时，具有背景特征企业的贷款水平显著高于无背景特征企业。

Faccio（2006）对来自 35 个国家的 450 个具有背景特征企业 1997—2002 年运营情况的研究表明，具有背景特征企业比无背景特征企业更容易获得政府的担保和金融援助。

Johnson 和 Mitton（2003）通过对在亚洲金融危机背景下的政府补贴的研究，得出结论：马来西亚的资本管理体系是明显倾向于具有背景特征公司的，说明了背景特征与非背景特征企业相比获得了更多的融资便利和政府补贴。

Mian 和 Khwaja（2005）通过对 90 000 家公司贷款数据的研究发现，国有银行中超过 45% 贷款流向了具有背景特征企业，而且还贷的违约率超过一半。相比之下，私人银行更倾向于向非背景特征企业提供贷款，说明了国家对背景特征企业具有明显的放贷倾向性。

Adhikari 等（2006）通过对马来西亚企业的实证研究发现，背景特征企业比非背景特征企业所支付的实际税率水平要低，说明了企业可以通过与政府的背景特征获得更大税收优惠政策。

Claessens 等（2006）从不同公司类型的视角研究了企业获得融资的便利性，得出结论：那些具有良好财务状况的或具有背景特征的公司越容易获得新增贷款。Claessens（2008）又以巴西企业为研究样本，从企业对竞选捐赠的角度，研究了企业背景特征与企业的融资便利和税收优惠的关系，发现基于企业捐赠角度的企业背景特征对企业的融资和税收具有积极的影响。

在市场经济体制相对健全的发达国家，企业同样通过利用企业背景特征来获得政策性的优惠。Aug 和 Boyer（2007）通过对 1976—1987 年美国的国有化和私有化时期，国有铁路企业破产重组的案例分析，说明了在政府的援助和产权保护下，国有企业具有良好抵御破产风险的能力。

Agrawal 和 Knooeber（2001）的研究发现公司董事会的政治背景越强，公司获得政府采购的可能性越大。

胡旭阳（2006）以 2004 年浙江民营百强企业为样本，论述了企业背景特征对民营企业进入金融行业壁垒的影响，得出企业背景特征对民营企业融资便利性的正向影响的结论。胡旭阳（2009）又以中国民营企业 500 强企业为样本，讨论了企业背景特征与企业的多元化发展之间的关系，结论显示企业背景特征对民营企业的多元化程度和进入管制行业的多元化正相关，说明了背景特征的市场准入效应。

余明桂等（2008）以曾任或现任人大代表、政协委员和政府官员为依据定义企业背景特征，并探讨了企业背景特征与企业贷款获取之间的关联。结果显示，背景特征企业比非背景特征企业更容易获得贷款的支持，而制度环境从中扮演了重要的调节角色。

吴文锋等（2009）以沪深民营上市公司为样本，研究了企业背景特征与税收优惠关系。对于税外负担越重的地区，背景特征企业比非背景特征企业获得的税收优惠越多。

余明桂等（2010）进一步探讨了企业背景特征与政府补贴之间的关联。结果显示，背景特征企业比非背景特征企业更容易获政府补贴，而制度环境从中扮演了重要的调节角色，制度约束越弱的地方，这种效应越明显。

不难看出，企业背景特征的资源效应得到较为充分的证实，进而对企业的绩效或成长性产生影响。关于企业背景特征对企业绩效或成长性的影响，学者持有正反两种不同观点。

## 2.3.2　企业背景特征对企业成长的正向作用

一些学者通过对企业背景特征与企业绩效或成长性的研究发现，背景特征一定程度上能够增加企业价值，提升企业绩效，促进企业成长。

Fisman（2001）从价值评价的角度对企业的企业背景特征加以研究，发现企业背景特征所带来的政策、税收和融资等积极的效应能够促进企业价值的增加。

Charumilind（2006）和 Claessens（2006）从融资便利的角度，说明了企业背景特征对企业的业绩及发展的正向作用。

Goldman（2006）的研究结果说明，国家的法制体系越不健全，腐败程度越高，企业背景特征对公司的价值的正向促进作用越强[①]。

---

① 　Goldman E，Rocholl J，So J. Do Politically Connected Boards Affect Firm Value? [J]. Social Science Electronic Publishing，2006，22（6）：2331 - 2360.

Akexandra Niessen 和 Stefan Ruenzi（2010）对德国公司进行研究发现，证券市场对背景特征企业的风险等级的评估要低于非背景特征企业，而市场的估值要大于非市场关联企业①。说明了企业背景特征对企业的价值的正向影响。

Hangyang Li 和 Yan Zhang（2007）通过对中国高科技行业企业的抽样调查数据研究，验证了管理者的政治网络和功能的经验对新企业绩效正相关，进一步发现这样的正相关关系是受到企业的所有权和竞争环境的影响。

卫武等（2014）通过对 76 家企业背景特征行为的定量性的统计和描述发现，政治策略与企业绩效之间的正相关②。

胡旭阳（2006）从融资便利和行业进入壁垒的视角进行考察，得出企业背景特征对企业绩效的正向影响的结论。

吴文锋（2008）研究了中国民营企业的公司高管背景与公司价值的关系，结果显示：在对于样本的企业背景特征分组情况下，高管的背景特征对公司的价值的影响是不显著的，但如果将企业背景特征的层级分组后，发现地方背景特征更有助于公司价值的提升③。

胡永平（2009）以国有电力上市公司为研究样本，通过实证研究得到公司的董事长和总经理的背景特征对绩效具有显著的正向影响。

孙晶（2012）通过对多元化战略的中介作用的实证研究，得出企业背景特征的纵向强度和横向强度均对企业成长性具有积极的正向驱动作用，其中多元化强度和多元化类型起到中介作用。

以上列举了企业背景特征对企业发展的正向影响的一些代表性观点，还有一些学者通过理论分析和实证研究提出了企业背景特征对企业发展的抑制作用。

---

① Niessen A，Ruenzi S. Political Connectedness And Firm Performance：Evidence From Germany［J］. German Economic Review，2010，11（4）：441 - 464.

② 卫武，田志龙，刘晶. 我国企业经营活动中的政治关联性研究［J］. 中国工业经济，2004（4）：67 - 75.

③ 吴文锋，吴冲锋，刘晓薇. 中国民营上市公司高管的政府背景与公司价值［J］. 经济研究，2008（7）：130 - 141.

### 2.3.3　企业背景特征对企业成长的负向作用

近年来，越来越多的学者开始关注企业背景特征对企业的负面影响，研究的角度也不尽相同，但普遍认为背景特征加重了企业对政府的依附性，导致了企业的背景特征成本上升，政策性负担加重，分散了企业对核心能力的培养，对企业的绩效和成长起到了抑制作用。

Shaffer（1995）探讨了企业层面对政府管制的回应，包括政治寻租的产生、资源分配的扭曲、市场竞争环境的恶化等现象。

Shieifer 和 Visbny（2000）认为公共部门对经济生活造成了沉重的负担，官僚与腐败消耗了大量的国家财富，高额税收抑制了企业的投资，企业背景特征使企业的精力转向了非生产性活动，导致了企业创新精神的丧失和国家经济的停滞。

Faccio（2002）从企业负债水平的角度，阐释了企业背景特征对企业绩效的负面作用。他认为，企业通过背景特征获得了融资的便利性，导致了负债水平的提高，加大了企业的经营风险，降低了企业的绩效。Faccio（2006）还发现政府提供给企业的补贴不但没有促进企业的发展，反而降低了企业的绩效水平。

Chen（2006，2010）指出政治因素被国际商务文献认定为是对跨国企业的战略决策具有重要影响的因素之一，并研究了 1997—2001 年企业的盈利预测的准确度与企业背景特征的关系，得到了政治环境的恶化降低了企业对盈利预测的准确度的结论。

邓建平和曾勇（2009）以制度变量作为调节变量，通过实证研究得出结论：企业的背景特征与企业的经营绩效是负相关的，而且背景特征的强度越强，经营的绩效越差。

王永进（2012）应用世界银行 2003 年和 2005 年的调查数据，比较分析了不同所有制企业的契约实施环境，并得出结论：民营企业的契约实施环境显著差于其他所有制类型的企业。

杨其静（2011）从经济学的角度阐述了企业对背景特征和自身能力建设的选择问题，指出如果政府被授予的财力和处置权很大，企业将热衷于背景特征而不是能力建设，这样企业将无法将精力和财力用于创新研发，不利于企业成长。

冯延超（2011）从背景特征成本为角度出发，实证研究了民营企业背景特征与企业效率的关系，并指出背景特征对企业的负向影响作用，诠释了背景特征的"会计悖论"。

于蔚（2016）从动态的角度分析了企业背景特征对企业成长的影响，研究基于生产效率的考察，得到了企业背景特征降低了企业绩效的结论。

从上述文献的观点不难看出，越来越多的学者开始质疑企业背景特征对企业成长的促进作用，从不同的角度揭示了企业背景特征对企业影响的负面作用。

## 2.4　研究述评

研究述评从企业的背景特征、企业的成长性、企业的背景特征与企业的成长性的关系三个维度进行总结：

第一，关于企业的背景特征的研究。

本研究通过对企业背景特征的相关文献的查阅与梳理，从企业背景特征的内涵和度量两方面进行分析。企业背景特征的内涵是从背景特征认定的角度出发，来了解国内外相关文献的主要观点。这里隐含着两层含义：第一层含义是企业怎样才算是有背景特征；第二层含义是背景特征的考察对象是谁。

研究发现国内外对于企业背景特征的理解有所差异。国外学者对于企业背景特征的认定主要经历如下的发展过程。早期学者认为企业背景特征是企业与政府的"私密关系"，只是从单纯现象描述的角度出发去定义，但由于这种隐形背景特征的信息可得性较差，故被另一种观点取代，就是开始关注一些公开的或可以观测到的企业背景特征，比如企业高管在政府的任职情况或企业对政府竞选获选人的出资捐赠情况。然而以企业对竞选捐赠作为背景特征的做法并没有形成广泛的共识，于是企业的高管或实际控制人的政府工作背景就逐渐得到国外学术界的认可。由于我国的政体不同于西方国家，在背景特征考察对象方面受到了西方学者启发，但认定标准需要从我国的政治现状出发，结合我国实际情况，才会有意义。目前，学界对企业背景特征认定较为一致的观点就是公司的实际控制人或高管具备政治背景。这里所讲的政治背景是极具中国特色的，在企业背景特征的研究中也具有高度的一致性，也就是各级的人大代表和政协委员、党代会代表或政府或部队的任职经历等。这样通过文献研究，对目前关于企业背景特征的内涵有了较为明确的理解。

企业背景特征的度量是在明确了背景特征内涵的基础之上对企业背景特征量化的衡量。由于体制的差别，国内外对企业背景特征的认定可能不同，但对于其量化的方法确是可以通用的。现有文献显示实证研究使用的方法主要有虚拟变量法、比例法和赋值法，其中较为流行的是虚拟变量法和赋值法。虚拟变量实际上是分组变量，对背景特征是说明"有没有"问题；赋值法是对不同的背景特征层级赋以不同的分数。两种方法的选择要根据研究目的和研究的侧重点而定。

第二，关于企业成长性的研究。

通过对企业成长性的相关文献的查阅与梳理，从企业成长性的影响因素和评价两方面进行分析。其实在企业成长理论中就蕴含着大量关于企业成长的动因和影响因素的论述，但相对抽象。国内外学者通过大量的实证研究来探索企业成长性的影响因素，不同的学者从不同角度论证了自己对企业成长性的理解，对成长性影响的变量设定表达了自己的看法。虽然观点看似杂乱无序，但从中可以归纳出一些共同的维度。在对于企业成长性影响因素论证中，现有国内外文献普遍认为公司的规模、战略、盈利能力和管理者特质在企业成长中扮演着重要的角色。

企业成长性的评价是指对成长性的量化过程，但与企业背景特征的度量相比多有不同。企业背景特征的度量是评价对象明确，但评价指标和变量赋值带有一定的主观性。而企业成长性的度量，是评价的指标和度量选择范围较广，也比较明确，但是评价的对象模糊。至今学界对成长性的理解也没有较为统一的观点，这必然导致评价结果差异。但对于评价方法有较为一致的共识，就是成长性是企业综合能力的反映，所以首先需要一个多层次、多维度的指标体系，然后运用相关统计或数理方法对其进行变量的降维和归一处理，最终得到成长性得分，研究中最常用的就是主成分分析和因子分析。

第三，关于企业背景特征与企业成长性的研究。

对于企业背景特征与企业成长性的相关文献的查阅与梳理，本研究从企业背景特征对企业成长性的影响正反两个方面总结。

从企业背景特征的资源获取角度来看，国外学者从寻租理论出发，谈及政治资源获取。他们认为企业之所以通过各种渠道与政治建立关联，其目的是为了获得政治资源来促进自身的成长。诸多学者从不同的角度对企业可能获得政治资源进行了论证，包括通过便利的融资获得贷款、更多的政府补贴和税收优惠来缓解资金的约束；通过政府的行政权力获得市场的准入资格，降低了行业的壁垒；通过"近水楼台先得月"的优势，及时获取政策性信息，规避经营的政策性风险；通过更优先的政府援助进行产权保护等。

企业背景特征对企业影响的研究结论并不统一，存在积极和消极影响两种观点。

一种观点认为企业背景特征会对企业产生促进作用。企业背景特征的动机在于资源获取效应，主要表现为资金获取效应、市场准入效应和产权保护替代机制和风险化解效应等，这种效应会使企业扩大规模，实施多元化发展，有利于企业的发展，这正是政府对企业的"扶持之手"。国内外诸多研究证实了企业背景特征对企业发展的促进作用。

另一种观点是认为企业背景特征会对企业产生抑制作用。特别是近几年来，对背景特征的负面效应加以关注的研究有所增加。持有这种观点的研究较为一致的结论是：企业背景特征一方面导致了企业物化形式的资本支出的增加，表现为企业在建立和维系背景特征过程中的非生产性支出的增加，如与政府官员的沟通、贿赂和接待等费用的消耗等；另一方面背景特征也导致了企业的创新意识的淡薄，企业的这种"大树底下好乘凉"的观念，致使其忽视了自身核心能力的培养，同时也挤占了企业在创新和研发方面的人力、物力的投入，这是所谓的企业背景特征的"掠夺之手"。

同时，还发现关于企业背景特征对企业成长性的作用路径与机理的一些观点也零散地分布在企业背景特征对企业发展影响的相关文献中，这些路径主要表现在背景特征成本、多元化战略和效率损失等方面。这也为本研究在企业背景特征对企业成长性影响中的中介效应分析提供了经验证据。

# 第3章　概念界定与理论基础

本章对研究的两个核心变量即企业背景特征和企业成长性进行了界定，并对本研究的主要理论基础进行了简要的理论回顾，包括资源基础理论、寻租理论和企业成长理论。

## 3.1　概念界定

### 3.1.1　企业背景特征

企业背景特征是指企业经营者与权力的拥有者之间形成的关联关系。对企业背景特征概念清晰的界定是研究的基础，但学术界对企业背景特征的界定并无严格的统一标准，不同学者根据对企业背景特征的理解和自身研究需要提出了不同的界定方法。通过对关于企业背景特征内涵和度量等文献的对比与梳理，笔者从企业背景特征的认定和度量两个角度对其概念进行界定，以作为变量测量的理论基础。

首先，对企业背景特征的考察限于"显性"背景特征，即在法律和体制框架内的背景特征；考察的对象为公司的实际控制人、董事长或总经理。原因在于，公司的实际控制人、董事长或总经理实为公司的决策核心，掌握着公司的实际控制权，并对公司的战略发展具有决定性作用、对企业背景特征的认定标准为上述被考察人如具有政治工作经历，则认为该公司具有背景特征。这里所提到的政治工作经历包括曾经或现任各级人民代表大会代表、各级党代会代表、各级中国人民政治协商会议代表及在各级政府工作和军队任过职。

其次，对于企业背景特征的度量采用目前广泛使用的赋值法。并以赋值分数的高低来区分背景特征的强度。即如果公司的实际控制人、董事长或总经理具有较高的背景特征等级（如全国人大代表或中央政府任职经历等），则得分较高；如果公司的实际控制人、董事长或总经理具有地方级别的背景特征（如地市级人大代表或地方政府任职经历等），则得分较低。

综上所述，本研究将企业背景特征界定为被考察的公司中的实际控制人、董事长或总经理中至少有一人满足以下条件，则公司具有背景特征：①现任或前任的政府官员或军队官员；②现任或前任的中共党代会代表；③现任或前任的人大代表；④现任或前任的政协委员。具体的赋值标准见变量测量部分。

## 3.1.2 企业成长性

企业成长一直是经济学和管理学关注的重要领域。源于西方的企业成长理论多关注成长的动因和影响因素，其学派众多，文献纷杂，经抽丝剥茧，对企业成长性代表性的观点归纳如下：

科斯（Coaes，1937）从交易费用的理论视角，提出企业的成长表现为纵向边界的延伸，即所谓的纵向一体化；彭罗斯（Penrosc，1959）认为企业成长是规模的扩张与获取资源能力的增强；斯达巴克（Stabrukc，1965）认为成长是组织规模的改变，发展是组织年龄的改变；托斯（Tosi，1976）认为成长是指成长指标，如销售额、资产规模、员工等的绝对增长；特瓦沙和纽波特（Trewatha and Nweport，1979）认为成长表现为一个组织在其环境中生存与繁荣能力的不断增强；钱德勒（Chnadier，1992）则认为成长是企业组织能力的增强与市场范围的扩大。

国内学者以企业成长理论为基础，根据中国的研究范式，提出了一些对企业成长性的阐述，代表观点如下：

陈泽聪（2002）认为企业成长性是市场竞争中的生存发展能力。赵天翔（2003）认为企业成长性是企业对既定战略目标的实现情况，表现为企业绩效的增长。刘灿辉（2005）认为企业成长性是利润水平的提高，同时表现为规模的扩大和能力的增强。周志丹（2007）认为企业成长性是企业规模的扩大和生存能力的增强。胡建人（2009）认为企业成长性是规模的扩大和企业综合能力增强。卢相君（2011）认为企业发展的可持续性是成长性的重要标志，表现为动态的发展趋势。

综合上述学者观点后发现，企业的规模、企业的能力和发展趋势是众多学者对企业成长性较为一致的认识。故本书根据研究对象特征，将企业成长性描述为：以持续经营为前提，通过对自身资源的配置和利用，以企业价值最大化为最终目标的动态发展过程。企业成长过程的外在表现是企业规模的扩大和经营范围的拓展，而内在表现是盈利能力、资产运营能力和市场竞争能力的不断增强。不同的企业其在成长性方面存在着较大的差异，这些差异会在企业的一些数据和财务指标中体现，因此对企业成长性的度量与评价是深入理解成长性内涵的重要途径。

## 3.2 理论基础

### 3.2.1 资源基础理论

企业的资源基础理论是对当代战略管理理论的继承与发展，而不是一个全新的理论。资源基础理论是资源基础观与诸多理论相结合，逐渐孕育而生的。

理论界一般将 1959 年 Penrose 的著作《企业成长论》的问世看作资源基础理论的起源，这部著作被认为是资源基础理论的奠基之作。她认为企业增长的源泉来自企业内部的资源，企业就是"资源的集合"。她由此成为企业内生成长理论的重要代表人物之一。其著作中的诸多观点和见解成为资源基础理论的根本思想源泉。她认为企业是拥有着各种资源的一个集合体，而这种资源短期内可能形成区别于其他企业的优势，但长期来看真正的竞争优势是高效的资源配置和资源利用的能力。一方面，企业拥有的差异性资源可能会导致其竞争能力方面的差异；另一方面，对于拥有相同资源类型或结构的企业，其对资源的利用效率又是不同的，同样表现为能力上的差异。所以说，正是企业在资源禀赋和利用效率上的差异导致了企业间成长性的差异。

鉴于 Penrose 的企业内生成长的思想，Birger Wernerfelt 于 20 世纪80 年代中期正式提出了以企业资源为基础的企业成长理论。这篇名为《企业的资源基础观》的论文发表在 1984 年的《战略管理》期刊上，文中首次提出"资源基础观"一词，开辟了研究企业战略管理领域的新视角，即由"产品"观念向"资源"观念的转变。该文亦被看作是资源基础观诞生的标志。他将企业的战略资源总结为四个基本特征：资源的价值性、资源的稀缺性、资源的不完全模仿性和资源的不完全替代性。这种对企业内部战略性资源的关注，正是资源基础观的核心思想，同时也解释了企业间成长的差异性。

1991 年，Barney 在其经典文章《企业资源与持续竞争优势》一文中继续深化了资源基础观的"资源—能力"的逻辑框架，从资源视角为企业的"持续竞争优势"寻求一个合理的解释。他通过对资源类型的动态推演，来描述企业间竞争的均衡发展过程。首先提出了"有价值资源"的概念，是指那些有助于企业的战略实施和转化的资源，但这种资源的拥有性很容易被模仿，因此不能形成企业持久的竞争优势；进而他又引入了"稀缺资源"的概念，这种供不应求的资源使企业在资源的初始禀赋上就形成了竞争优势，被其称为"先发优势"，但随着时间的推移，其他企业如也获得这种"稀缺资源"，竞争优势也将不复存在。为此，企业必须将这种资源优势保持在不可模仿和不可替代的层面，才能为企业提供持续发展的动力。归根到底，企业对资源的利用和配置能力是企业拥有持续竞争力的源泉，本质上讲还是"人"的因素。

1993 年，Peteraf 在其论文《竞争优势的里程碑：一个资源基础理论的观点》中继续从竞争战略的视角对资源基础理论进行了研究。他引用了经济学中租金的概念，认为差异性是企业保持竞争优势，获得超额租金的源泉。并将竞争战略分为四种战略：第一种是以资源异质性为核心的竞争战略，具有优势要素的企业能够获得"李嘉图租金"，这也是其他三种竞争战略的基础；第二种是事前限制竞争战略，指企业以低成本姿态进入市场，先发制人，获取竞争优势；第三种被称为不完全流动的竞争战略，指根据资源性质，使其保持在企业的内部流动，防止其他企业的侵蚀；第四种称为事后限制竞争战略，指企业应设法保持企业的异质性资源的不可模仿和不可替代性，以持续地获得竞争优势。

由此可以概括出资源基础理论的主要观点。企业是资源的集合体，企业的核心资源具有四方面特征，即有价值、稀缺、难以模仿、不可替代；企业的异质性表现为资源禀赋或能力禀赋的异质性，这种异质性不随时间流逝而趋同，但随着时间推移，企业间所拥有的资源差异情况会发生变化。企业对资源的使用并不是静态地拥有，对资源的使用产生组织能力，组织能力的使用才能实施创造价值的战略，从而产生竞争优势；企业的产品定位转向关注企业的资源定位，关注企业如何获取所需要的要素来建立核心能力，并通过核心能力对资源进行有效组合产生和保持竞争优势；由于与企业竞争优势有关的核心资源大部分是隐性的和不能从市场获得的，因此企业的中心任务就不仅仅是生产决策和市场定位，而是通过培育核心资源以及发展核心能力来塑造竞争优势。核心资源和核心能力的培育与组织学习有关，组织学习产生的隐性知识是核心资源的主要形式，因此资源基础观建立了企业内部如何与战略相匹配的联系。

综上所述，资源基础理论已经发展成为一种涵盖资源、动态能力、管理等领域的综合的理论体系。随着资源基础理论的发展，将企业视为资源的集合体的观点，衍生出许多新的对企业的深刻洞察。资源基础理论认为资源和能力的这种独特性和不可替代性才是企业持久竞争优势的源泉，它从"资源—能力"视角阐释了企业成长的动力，这为本研究的概念模型的构建提供了启发性的理论借鉴。

## 3.2.2 寻租理论

寻租理论（Rent Seeking Theory）是对寻求租金这种经济现象及其后果进行分析的理论。租金这一概念的外延在历史上是逐渐扩大的。在早期，租金仅指地租；现在则被用来表示由于政府政策干预和行政管制抑制了竞争、扩大了供求差额而形成的差价收入。这些政策干预和行政管制表现为两个方面：一是对资源分配设立门槛，如进口配额的限制和生产许可证发放等；二是硬性的行政管制，如价格的限定、特殊行业的劳动配额的限制等。寻租活动就是通过直接或间接，合法或违法的渠道，以获取政府的"偏爱"与"庇护"为目的非生产性的寻利行为。这种行为从社会层面来看，造成了社会资源的浪费；从企业层面来看，扭曲了企业的行为，使企业更少地关注生产性活动，将更多的精力和财力用于对政府的公关。

谈及寻租理论的溯源，不得不提到美国经济学家 Gordon Tullock 早在 1967 年所著的《关税、垄断和偷窃的福利成本》。研究中发现除传统经济理论已经认定的"哈伯格三角形"部分之外，还有形成垄断地位过程所耗费的资源成本，其产生的福利损失远超过通常的估算，即通过各种疏通活动以争取收入，在税收、垄断等方面所造成的损失大大超过了通常的预估，从而开创了寻租理论的公共选择学派分支，被公认为是寻租理论的"雏形"。

寻租理论的正式创立标志是 1974 年美国经济学家 Kruger《寻租社会的政治经济》的发表。此文中明确提出了寻租理论，分析了在国际贸易中由配额制等产生的为"寻求租金"而进行的争夺。她认为人们为获得进口垄断权而进行的寻租活动对社会是一种损失，必须对之进行分析，进而对这种损失进行了经验估算并建立了数学模型。

此后美籍印度经济学家 Bhagwati（1982）在寻租理论的基础上提出了寻利理论。他认为存在着一种寻利活动，即"寻求直接的非生产性利润的活动"[①]。寻利活动的覆盖面比寻租活动更为广泛，不仅包括只创造利润的寻租活动，而且包括通过政治行为产生非生产性利润的各种活动，如通过对议会的活动实现保护关税、建立垄断，以及走私等。他坚持使用直接的非生产性寻利活动（Directly Unproduetive Profit - seeking Activities）这个概念来涵盖和取代寻租概念，因此也有些理论将直接非生产性寻利论称作寻租理论。这样便根据寻利行为的生产性属性将其划分为生产性寻利行为和非生产性的寻利行为，其中非生产性寻利又称为寻租。两者都是建立在寻租行为主体利润最大化原则的基础之上的，但最大的区别在于，生产性的寻租行为是创造社会财富的，这是由生产的本质属性决定的；而寻租行为不直接创造社会财富，表现为与其他企业"争夺"可能创造财富的垄断权利、优惠的政策等，这里我们称其为资源。所以当企业通过寻租获得资源后，能否创造比别的企业更多的财富，还要看寻租企业自己的核心能力和对资源的利用效率。举个例子就能更好理解两者的区别了，如果把整个社会财富比作蛋糕，寻利就好比每个做蛋糕的企业一起把蛋糕做大；如果把整个社会资源比作做蛋糕的面粉，寻租行为就是每个企业都尽力与分面粉的人搞好关系，争取自己能分到更大份额的面粉。但企

---

① Bhagwati J N. Directly Unproductive Profit - Seeking (Dup) Activities [J]. Journal Of Political Economy，1982，90（5）：988 - 1002.

业在这种情况下得到的是面粉，究竟能不能做成更大的蛋糕，还要看企业的生产技能。这样就容易从微观视角理解寻租结果对于企业的不确定性了，同时也为现实中企业寻租行为的盲目性提供了理论解释。

由此可见，寻租理论一直是经济学和国际经济中最具刺激性和生命力的研究领域之一，其主要论点如下：

首先，租金是政府对自由市场经济干预和管制的结果。本质上讲，寻租行为产生的根本原因在于对租金的供不应求，对于政治寻租而言，则表现为对政治资源的供不应求。而在这种供求失衡的情况下，政治资源的分配原则就显得尤为重要了，政府正是掌握这种"稀缺资源"分配权的一方，会通过行政性的管制和设立参与分配资格来排除一部分企业的参与资格。如果这种管制和限制条款被严格执行，企业由于感到无望参与分配，可能会主动放弃，这种争先恐后的寻租行为会得到有效的缓解。但如果政府设立的管制和设立参与分配资格的条款从一开始就向背景特征企业倾斜，或这种管制条款等在执行中的弹性空间较大，则会加剧企业对政治资源的渴望和企业在政治寻租中的投机动机，同时导致了寻租成本的高昂，近些年来一些反腐案例中的涉案金额巨大充分证实了这种论断。所以说，正是政府对市场的干预和管制，加剧了政治资源的供求失衡，导致了租金的产生。

其次，寻租活动的直接结果是造成社会的浪费。寻租活动是人们为争夺租金而进行的利己活动。这些活动有的属于合法活动，如讨价还价、施加影响等；另有许多属于非法活动如行贿、走后门等。从经济观点看，这些活动不会带来产品或劳务，却消耗了大量的资源，造成浪费，使全社会的经济效益大大降低。由于这类寻租活动需要投入并耗费实际资源，又不能直接、间接地生产货物或提供服务，故其所获额外收益纯属一种非生产性利润，对整个社会经济来说不过是一种无谓的资源浪费和损失。

再次，产生了利益集团对获取租金的需求。由于租金可以给一部分人带来好处，于是这一部分人就采取各种手段，如游说、买通等，促使政府以行政命令的方式使他们得以获取租金，便产生了利益集团对租金的需求。如某些利益集团为了寻求额外收益或超额利润，不惜投入大量实际资源，用于鼓吹和推动本国政府采取创造或保护垄断行为的政策干预措施，谋取垄断价格和垄断利润。同时，政府通过设立各种限制性条例，其官员也可从中获取巨额的"买租"受益。

最后，从全社会来看，创造垄断、寻求租金的实际社会成本相当高昂。这是因为，寻租者之间展开的激烈竞争必然导致大量人力和资金的投入和耗费，从而造成寻租的总投入相较于垄断租金总额本身高得多。众多寻租者竞相争夺垄断权的结果是，只有少数人能够成为成功者，经济资源将从失败者那里通过财富再分配转移给成功者。此外，政府官僚和寻租者为了掩饰其瓜分租金的真相而蓄意将某种政策制度弄得含糊不清，使该制度运行严重缺乏效率，这无异于增加了寻租的社会成本。

综上所述，寻租理论是对寻租产生的原因和后果的阐释。为本研究的现实背景提供强有力的理论解释，对研究框架及研究意义提供了理论支持。

## 3.2.3　企业成长理论

企业成长一直都是西方经济学和现代管理学广泛关注的领域。至今，企业成长理论仍然是企业战略管理的重要理论之一，其理论体系庞杂，学派众多，研究文献和观点相互交叉与传承。诸多学者从不同角度对企业成长理论进行了综述，本书按时期大概先后顺序加以梳理和归纳，对与本研究相关性较强的一些企业成长理论加以简要阐述。

### 3.2.3.1　古典经济学的企业成长理论

古典经济学的企业成长理论可以溯源到亚当·斯密的分工理论。亚当·斯密是英国著名的古典经济学家，他通过英国制针工厂的分工实践给企业带来的高效率和收益的事实，分析了分工对于企业规模扩张的促进作用。他认为，分工提升了工人操作的熟练程度和生产技能，大幅度提高了劳动生产率，降低了产品的单位成本，改善企业绩效的同时，又使企业在扩张规模的基础上继续细化分工，在完善生产工艺，形成了良性的循环。正如在其著作《国民经济的性质和原因的研究》第一章中就指出："劳动生产力上最大的增进，以及运用劳动时所表现的更大的熟练、技巧和判断力，似乎都是分工的结果。"[①]

---

① Smith Adam. 国民财富的性质和原因的研究［M］. 郭大力，译. 北京：商务印书馆，1972.

约翰·穆勒（John Stuart Mill）在秉承了亚当·斯密的分工理论的基础上，探讨了企业规模与成长性的关系。他指出，企业规模的扩大需要固定生产要素（机器设备）和可变生产要素（工人）的大量投入，表现为总资产和员工规模的扩大，继而达到降低平均生产成本的目的，表现出大企业对小企业成长性的替代趋势。因此，可以说约翰·穆勒的企业成长理论即是企业规模经济理论。

弗兰克·奈特（Frank H. Netter）从另一个角度解释了企业追求规模的动因。他认为企业家能够通过资本扩张的方式来扩大其决策的范围，决策中正确性与预测的错误可以相互抵消，以减少企业发展的不确定性，使企业在发展中获得一定程度的稳定性和可靠性。

基于分工理论的古典经济学对成长理论的启示在于：分工对于企业管理工作是必要的。这种分工既包括古典经济学所关注的生产分工，也包括管理分工。随着企业管理理论的不断发展，随着企业生产工艺水平不断完善、创新和普及，不同企业之间在生产领域的成本差异性逐渐缩小。换句话说，生产领域可供企业榨取的利润空间越来越小，于是转向对企业物流管理问题的关注，这也是物流领域兴起的重要原因。本质上讲，物流管理也是企业管理的分支之一。因此，现代企业竞争优势的差异很大程度上体现在管理能力方面的差异。随着企业规模的不断扩大，其拥有的要素和资源也越来越多，这样就对企业管理者的能力提出了更高的要求。再优秀的管理者由于时间和精力的限制，不可能对企业大大小小的全部决策都亲自过问，这样公司的管理工作就出现了分工：最高层次的管理工作处于企业的战略设计层面；中层的管理工作体现在部门间的协调与为公司的战略服务的战术层面；底层的管理工作表现在安全与高效的操作层面。基于此，形成了企业中高层管理者的管理专业化的局面，他们各负其责、独当一面，又相互协调与配合，以保证企业的正常与高效运转。因此，可以说小规模的公司可以依靠技术为核心的生产分工谋求发展，而当企业发展到一定规模以后，企业真正的成长依靠的是管理制胜，这也正是古典经济学中的分工理论带来的启示。

### 3.2.3.2 新古典经济学的企业成长理论

古典经济学和新古典经济学都认为，企业成长的动力和原因就在于对规模经济性或范围经济性的追求。相比之下，新古典经济学是对古典经济学规模经济理论的延伸与发展。新古典经济学家马歇尔（1890）在承认企业存在规模经济的前提下，将企业成长与稳定的市场竞争均衡条件协调起来。他的企业成长理论涵盖了古典经济学的规模经济理论和部分市场理论与企业家理论的观点，认为企业通过规模优势，能够实现其在市场中的垄断地位，但这种垄断地位是有限持久性的。随着企业规模的不断扩大，企业会变得迟钝，其市场反应能力和决策效率都会下降；同时企业家的进取精神亦会随着企业年龄的增长而衰退，加之新的充满活力的年轻企业加入市场竞争，企业的垄断地位便会难以保持。

新古典经济学并没有相对独立的企业成长概念的界定，其对企业成长过程中的规模分析是典型的规范分析。企业作为量化的生产函数的载体，企业间的差异化被高度抽象掉了，只认为企业是个追求利润最大化的营利性组织，其对规模经济性的追求是一种企业的本能。新古典经济学用"边际分析法"去解释企业规模扩张的动因，认为企业规模的扩大实际上是一种均衡的结果，当边际成本等于产品价格的时候，既满足了利润最大化的原则，企业也达到了最优的生产规模，企业的成长是企业由非最优规模向最优规模转化的过程。而在这一过程中，企业是没有扩张规模的主动性的，而是由边际收入等于边际成本的均衡条件决定的。另外，新古典经济学的企业成长理论本质上讲属于企业的外生成长理论，认为影响企业成长的因素都是外生的。比如，行业的技术革新取得成功后，生产函数的位置会下降，产品的价格会降低，从而刺激了市场的需求，市场需求曲线又会随之改变，影响到企业的收益曲线，形成了新的市场均衡结果。这种动态的失衡与均衡不断交替，正是在这些外部环境变化之下，企业不断调整规模，寻求最优规模的过程。

古典经济学和新古典经济学本质上对企业规模扩张的动因的解释并不矛盾，企业主动或被动地去追求规模经济性，与企业的盈利性本质是一致的，也说明了利润是驱使企业追求最优规模的动因。

新古典经济学对于企业成长理论的启示：首先，企业对规模的选择要适度。新古典经济学对于企业规模扩张的解释是市场竞争均衡的结果，是依据利润最大化原则进行的。换句话说，企业的规模扩张并不是越大越好。从经济学的角度来看，企业的规模扩张实际上是对最优规模的寻求，而最优规模是与长期平均成本曲线的最低点所代表的规模相一致。如果长期平均成本曲线是严格的 U 形，即驻点是唯一情况下，则最优规模也是唯一的，但现实情况往往是企业在一定的产量区间内表现为平均成本不变，此时的最优规模也不是唯一的。此外，规模经济性要求企业按照最优的比例进行固定生产要素和可变生产要素的投入，这样才能够达到降低单位成本的目的，从而实现规模经济性。其次，企业在追求规模经济性的同时，还要充分考虑市场需求对企业产能的支持能力。如果企业找到了最优规模，实现了规模经济性，从理论上讲，降低了生产成本，扩大了利润空间，但这一切都必须以市场的销售为前提。如果扩大的产能不能通过市场销售实现企业资金的回流，企业以扩大产能降低成本为目的的规模扩张就会成为徒劳，这不仅不能改善企业绩效，还会因为投资固化而引发企业的资金问题。因此，市场需求必须将企业扩大的产能消化掉，才会真正实现规模经济性。否则，这种打着降低成本旗号的规模经济性，只能带来过剩的产能和库存的积压，反而会使企业陷入经营危机，抑制企业的成长。

### 3.2.3.3　新制度经济学的企业成长理论

新制度经济学可以溯源到科斯（Ronald H. Coase）的交易费用理论。他在 1937 年所发表的经典论文《企业的性质》中，用交易费用理论去解释企业的本质和企业边界的确定问题，认为企业的规模扩张是在将外部市场交易内部化，从而达到了节省交易费用的目的。市场交易会产生各种有形或无形的支出，比如合同的签署、合约履行情况的监管和违约处理等，这些被称为交易费用。在这种情况下，便为企业组织作为市场机制的替代物的出现提供了可能。这种将市场交易内部化的方式，不仅有效地规避了企业在市场交易中的风险，而且节约了交易费用，而交易费用的多少和组织成本高低，最终决定了企业的规模和边界。企业会权衡某些生产过程的交易费用，如果自己生产的组织成本小于市场交易费用时，则会倾向于自己生产，这也为企业的一体化和多元化经营提供了理论解释。

威廉姆森（Williamson）在 1975 年对科斯的交易费用理论进行了扩展，将资产专用型、不确定性和交易效率三个维度引入了交易费用理论，特别解释了企业的一体化发展即是企业纵向边界的扩张，是基于节约交易费用的动因，表现为外部市场交易转化为企业内部生产的过程。

格罗斯曼和哈特（Gorssman and Hart）是不完全契约理论的奠基人之一。1986 年，他们对科斯和威廉姆森的交易费用理论进行了批判性的发展，从资产所有权的角度进行分析，认为企业之间的合并或收购也是存在费用的。这种合并或收购是对市场交易费用与合并费用的一种权衡，所强调的是企业在不同的一体化形式之间的选择，而这种合并的形式最终是由资产的剩余控制权所决定的。

通过对科斯的交易费用理论的解读，可以知道，企业的本质是作为一种市场交易的替代机制而出现的一种组织形式。按照他的理论，一个市场越发达，交易费用就会越低，企业将市场交易内部化的动力就越低，表现为企业的规模扩张就越慢。换句话说，市场机制的成熟程度与企业的成长性是负相关的。可是，大量的经验证据表明，市场的成熟度与企业的成长性是正相关的。为此，杨小凯和黄友光（1933）从其他视角解释了这一现象，他们将市场机制的成熟归结为两个结果，一方面，市场机制成熟或市场的发达程度较高，意味着市场交易范围的扩大，这样会导致交易费用的增加，但仍然能够为企业的成长提供足够的动力；另一方面，市场机制的健全与成熟，会致使市场交易效率的提高，为企业带来便利性，所以企业的内部化又不可能完全代替市场交易，市场机制的不断成熟与发展仍有发展的内生动力。因此，只要发达的市场机制能够为企业带来其内部化所不能达到的高效率的时候，市场的发达与企业的成长就可以齐头并进。

不难看出，新制度经济学关注的是企业边界问题，而企业的边界问题又表现为企业成长，因此成为企业成长理论的重要研究视角。它主要从交易费用理论和资产所有权的角度去寻求企业边界扩大的动因。时至今日，企业的边界包括了横向、纵向和多元化的边界，而新制度经济学则主要关注的是企业的纵向边界问题。

由此得到新制度经济学对企业成长理论的启示：企业的规模扩张包含两层含义，一是指企业在"量"上的增加，表现为总资产额和雇员规模的增长；二是指经营范围的拓展，表现为一体化或多元化的发展。新制度经济学的企业成长理论是指后者，企业的一体化包括横向边界和纵向边界的扩张，或者是混合形式的多元化扩张，这是源于企业节省交易费用的初衷产生的结果，本质上讲是企业在衡量市场交易费用和企业内部组织成本后的结果。但规模扩张并不是目的，企业的一体化经营是为了追求范围经济性，即生产效率或绩效水平的提升。企业一体化发展势必会带来诸多的管理问题，如企业合并或一体化以后不同组织文化之间的冲突，相关或非相关业务所带来的企业运营精力的分散，这些都是一体化给企业带来的负面效应，也因此对企业的管理层提出了更高的要求。一旦这种负面的效应超过市场交易费用的时候，企业就应该终止一体化的进程，避免出现"范围不经济"的现象。特别是随着网络时代的到来，电子商务技术的迅猛发展在很大程度上扩大了市场交易的范围，同时又减少了市场交易费用。企业不得不在这种动态的网络环境中重新审视一体化为企业带来的收益，以避免可能出现的这种得不偿失的边界扩张。

### 3.2.3.4　企业内生成长理论

现代的企业成长理论对企业成长动因的解释已由外部因素转向对企业内部因素的关注。彭罗斯（Edith Penrose）作为企业内生成长理论和资源基础理论的奠基人，为该研究领域的先驱者。他在 1959 年出版的《企业成长理论》一书被公认为是现代企业成长理论的奠基之作。其主要观点为：企业所获得的同质性或异质性的资源，所引发的企业成长性差异不会持久，真正持久的独特的竞争优势在于企业自身对所获得资源的转化能力，被称为企业的生产性服务。正是由于企业在资源配置或将资源转化为生产性活动的效率差异，产生了这种独特的、不易被模仿的、不可替代的竞争优势，这反映了企业内部的管理因素对资源转化和生产机会的把握能力，正是这种差异化的能力导致了企业成长性的不同。彭罗斯对于企业成长理论的最大贡献在于将"企业资源"与"企业能力"区分开来，指出资源是可以通过时间的推移或其他方式获取的，而将资源高效转化为生产的可能性却是企业最独特的能力，这种能力归根到底还是人的因素。他将企业成长的外部动因和内部驱动力区分开来。对于外部因素，如果存在扩张规模的有利条件，它就会成为企业扩大产能的一个外部诱因，但真正的生产机会是来自于企业未被利用的服务，这种服务才能够为企业带来成长所需的生产性行为。因此，企业成长的源泉就在于企业内部所形成的服务。

此外，受到熊彼特关于企业家和创新理论的影响，彭罗斯同时强调了创新能力对企业成长的重要性。他认为企业的多种创新的形式，如产品创新、服务创新和管理创新等，是现代企业成长的重要驱动力。下面对熊彼特的创新理论做一下简单的理论回顾。1912 年，美国经济学家熊彼特（Joseph Alois Schumpeter）在其著作《经济发展理论》中首次提出了创新这一概念。他对创新理论和企业成长理论的主要贡献在于：首先，他将发明和试验与创新的概念进行了区分，发明和试验是出于组织或个人的爱好，对事物的一种概念上的设想或创造，强调的是过程。而创新是带有生产属性和社会属性的概念，强调的是结果，注重的是新的发明和创造在生产领域的产业化结果，对整个行业的生产系统的震荡和冲击效应。其次，他强调了创新的主体是企业家，正是企业家的创新精神和创新的意识，推动了企业的成长，也正是企业家在激烈的市场竞争中的不断地创新与尝试，推动了行业乃至整个社会的进步。最后，他认为企业内生的研发和创新的直接动因是为了获取超额利润，这是由企业的本质属性所决定的，同时又是促进技术进步和经济增长的决定性因素，这也是将熊彼特的创新论划归为企业内生成长理论的重要原因。

企业内生成长理论带给我们的启示：时至今日，社会的发展变化日新月异，企业的生存环境也随之改变，不变是暂时的、相对的，只有变化才是永恒的、绝对的。企业面临瞬息万变的市场环境，只有通过创新来引领行业发展和消费潮流，聚焦于自身内部的核心竞争力的建设，才能实现企业长久的生存和盈利。创新理论已经形成一个涵盖技术创新、市场创新和管理创新的综合理论体系，成为企业的内生成长理论的重要分支。

### 3.2.3.5　管理者理论的企业成长理论

管理者理论的企业成长理论是在现代企业的所有权和经营权分离的背景下，基于企业管理者对企业经营目标的视角，逐渐演化发展而来的。主要代表人物的观点如下：

伯利和米恩斯（1933）最早关注企业的所有权和控制权分离这一现象，并据此对企业的成长性予以解释。他们认为，随着现代企业制度的发展，企业的所有者会聘请经验丰富的管理者负责企业的日常经营与管理，这导致了公司的实际经营权和控制权转向到企业的实际管理者手中，即出现了公司所用权和控制权分离的状态。在这种情况下，企业的所有者和管理者对于企业发展目标的认知可能会出现不一致。一般来说，企业的所有者对于企业发展的目标期望为公司价值最大化或所有者权益最大化；而掌握企业实际控制权的管理者则会出于自身收益最大化的原则来指引企业的发展。如果管理者不是企业的大股东之一，那么所有者权益最大化的目标则与其收益关联性不大。相比之下，企业销售的增长和规模的扩张与其自身收益密切相关。因此，在企业的所有权和控制权分离的情况下，追求规模经济性常常成为企业管理者追求的目标，从而解释了企业成长的动因①。

鲍莫尔（Bwanol，1962）基于企业的所有权和经营权分离的背景，对拥有公司实际控制权的管理者的微观行为进行了详细论述，以解释企业成长的原因。他认为，虽然企业的实际控制权在管理者手中，但管理者却受聘于企业的所有者，在被监管下运营企业，不能为所欲为，必须考虑企业的所有者对企业发展目标的预期。简单地说，公司的所有者在不直接参与企业运营的情况下，只关注结果，即通常是对利润的要求，这种预期的利润水平通常只是对企业盈利下线的要求。企业管理者会在满足这种最低的盈利水平后，做出对自己有益的决策。由于管理者的收益往往与销售量挂钩，而不是利润水平，因此，管理者会将销售收入最大化定为企业最终目标。由于销售收入最大化的条件为边际收入为零，而利润最大化的条件为边际利润为零，这两个目标所要求的企业规模是不同的，销售收入最大的规模要大于利润最大化的规模，这样便进一步说明了拥有实际控制权的管理者对企业追求规模的强化作用。

威廉姆森（1964）同样基于企业的所有权和经营权分离的背景，构建了对企业拥有控制权的管理者的效用函数。他将企业的雇员规模、管理者的货币形式收入和可支配的投资三个变量引入了管理者的效用函数模型，并基于管理者的效用最大化的原则，进行讨论。他发现上述的三个变量在很大程度上都是反映企业规模的变量，而与企业的利润水平不是直接相关的。进一步证实了管理者追求的规模扩张或企业成长的动因是自身的效用最大化，而不是企业所有者所期待的利润最大化。

---

① Berle A A，Means G C. The modern corporation and private property [M]. London，Macmillan，1933.

马里斯（Marries，1964）从企业需求和供给的角度揭示了企业成长的动因。他认为，企业的稳定增长是企业需求增长和供给增长的均衡结果，提出了企业稳定增长模型。这种稳定增长是一种均衡状态，是企业内部的供给自动满足企业需求增长的结果，某种意义上讲，这也是市场所决定的。进而提出拥有企业实际控制权的管理者的目标是企业增长最大化，从均衡分析的角度，解释了管理者对企业成长追求的动因。

管理者理论对于企业成长理论的启示：现代企业的成长是在技术革新和市场不断扩大的背景下，在所有权和控制权分离的情况下，拥有企业实际控制权的管理层的反映。在企业的管理机制实现了协调功能以后，这种企业的所有权与控制权分离的管理结构对于企业的发展目标产生了重大的影响。一方面，企业所有者聘请经验丰富的管理者负责企业的日常经营，将控制权转交给企业管理者的行为本质上讲就是一种管理分工，企业将受益于管理者的专业管理技能和经验，同时也避免了企业由于个人突发变故而产生的经营的中断，保持企业经营的平稳性和持续性；另一方面，被聘用的企业管理者也会同时兼顾自身的利益和企业所有者对企业发展目标的期望，在决策中可能会避免过分注重企业既得利益的"短视"行为，将企业的长期发展目标和自身利益相结合，来引领企业的发展。管理者会将企业的内部资源进行最高效的配置和利用，以确保企业成长所需要的持续动力和竞争优势。正是现代企业所具有的这种管理协调机制推动了企业成长，它就像是一双"看得见的手"将企业扶持上了稳定增长的轨道。因此可以说"一旦形成并有效地实现了它的协调功能后，层级制本身也就变成了持久性、权力和持续成长的源泉"[1]。

企业成长理论对于本研究的意义在于它与资源基础理论的结合为本研究提供一个对于企业成长的动因的理解，以及从企业行为视角探索企业背景特征对企业成长性影响路径的启发。

---

[1]　Chandler，Alfreddupont. The Visible Hand：The Managerial Revolution In American Business [M]. The Belknap Press Of Harvard University Press，1978.

# 第4章　概念模型与研究假设

本章分析了企业背景特征对企业成长性影响的作用机理，以此作为构建概念模型的逻辑基础；对变量之间的关系提出假设，并做出汇总；最后构建了实证研究的概念模型。

## 4.1　概念模型的逻辑基础

在构建本研究的概念模型以前，首先要弄清企业背景特征对成长性影响的逻辑顺序：企业背景特征为民营企业带来了稀缺的资源，得到资源后的企业会改变自身行为，进而产生行为结果，这种行为结果会影响到企业的成长性。

### 4.1.1　企业背景特征的资源效应

中国的市场经济体制的发展尚不成熟，市场机制发挥其资源配置作用是有限的，因而政府在社会资源的配置中扮演了重要的决定性角色。在我国，政府拥有着资源的分配权和各种行政制度的审批权。相对于企业的需求，这种资源是"稀缺"的，这样政府或政府官员在进行资源分配时，或者出于政治目的，或者出于私人牟利目的，会倾向于与自己更为"亲密"的企业。所以，企业与政府建立关联的现象本质上讲是一种政治寻租行为。既然是寻租行为，企业就需要获得相应的"政治租金"，这种租金的收益表现为企业从政府那里所获得的资源，我们称其为企业背景特征的资源效应，并将其归纳为资金获取效应、市场准入效应和其他效应。

#### 4.1.1.1　资金获取效应

企业为了谋求发展，实现规模扩张，需要大量的资金支持。当企业所拥有的资金不足以满足投资的时候，即所谓的资金约束，如果这种情况不能得到缓解，企业就会错过投资的良机（Rajan and Zingales，1998），因此，融资是影响企业成长的重要因素之一。特别是在我国，金融体制的特点表现为国有商业银行高度集中的布局。Sapienza（2004）和 Dinc（2005）指出，政府的政治目标对国有银行的放贷行为具有重要的主导作用。吴军（2009）在其研究中指出，虽然国有商业银行的上市和股份制改革在一定程度上降低了地方政府对其的干预，但银行体系的支持对于地方的经济增长仍具有举足轻重的作用，政府与商业银行之间相互依存的关系依然存在，政府对于商业银行仍具有重要的"话语权"。在这种背景下，民营企业发展中在资金方面的约束表现得更为突出。黄亚生（2011）研究了我国的民营企业和国有企业在信贷获取方面的差异，他发现与国有企业相比，中国的民营企业在信贷分配比例上明显处于弱势地位，民营企业的信贷大约只占到信贷总额的 20%～30%。其实，民营企业的产权明晰，它们自负盈亏，其资源的利用效率往往高于国有企业[①]，可由于资源分配的原则往往带有浓厚的政治色彩，这成了阻碍民营企业发展的重大障碍。一般来说，企业背景特征为企业带来的资金获取效应可以通过融资的便利性、政府补贴和税收的优惠等方式实现，这也得到了诸多经验证据的支持。

首先，国内学者对企业背景特征影响企业融资做了大量的实证性研究，本书总结了近十年来颇具代表性的研究。罗党论（2008）从投资对企业现金流反映的敏感程度的角度，比较分析了具有背景特征的企业与没有背景特征的企业的差异。研究发现，与无背景特征的企业相比，具有背景特征的企业其投资对现金流反映的敏感程度较小。换句话说，由于背景特征企业在新增投资决策时，获得了更多的融资便利性，其对企业内部的自有资金的依赖程度较低，从而也证实了企业背景特征对企业资金约束的缓解作用。Firth 等（2009）基于 2003 年的国家统计局和世界银行的调查数据，研究了商业银行对中国私营部门的放贷比例。结果显示：除了基于银行自身的收益情况以外，银行放贷的资金流向更加倾向于具有背景特征的中国民营企业。此外一些学者通过不同的数据来源和样本，也证实了背景

---

① 方军雄. 所有制、制度环境与信贷资金配置 [J]. 经济研究，2007（12）：82-92.

特征性是银行对企业发放贷款时考虑的重要因素。于蔚（2012）的研究表明，企业家背景特征的确能够帮助企业获得更多的银行信贷支持，这种作用机理正是企业背景特征的资源效应。宋增基（2014）的研究表明，与没有国有股权的民营上市公司相比，具有国有股权民营企业更容易获得银行长期贷款，说明国有股权或民营企业家的政治身份有助于缓解企业的资金约束。李维安（2015）以中国民营上市公司为样本的实证研究表明，民营企业通过慈善捐赠的方式建立自己的背景特征，使企业更容易得到长期贷款的支持，这本质上是政府与企业之间的一种"利益交换"行为。

其次，政府除了可以通过帮助企业在负债融资和所有权融资两方面获得更多的外部资金支持之外，还可通过两种形式为企业增加现金净流量，第一种是通过税收的优惠减少企业的现金流出量，第二种是通过政府补贴增加企业的现金流入量。出于对地方经济增长和就业目标的考虑，为了优化投资环境，以吸引更多的招商引资项目落地，政府往往会出台各种税收优惠和政府补贴政策，政府掌握着对诸多优惠政策的绝对分配权，同时由于政策的具体条款和执行过程亦具有较大的伸缩性，这势必会导致优惠政策的分配向与政府具有"密切"关系的企业倾斜，体现出具有背景特征企业的优越性。这同样得到了来自中国的经验证据的支持。吴文锋（2009）以中国民营上市公司为研究样本，研究了企业背景特征与企业实际税率之间的关系。结果显示，背景特征企业的实际税率水平显著低于无背景特征的企业。同时发现，税收优惠政策的设立条件越宽松，即弹性空间越大，所获得的税收优惠越多，换句话说，这种税收优惠的弹性空间大部分被具有背景特征的企业占据了。同样，潘越（2009）和余明桂（2010）先后研究了企业背景特征与企业所获得补贴之间的关系。得到一致的结论：与无背景特征企业相比，背景特征企业更容易获得更多的政府补贴的优惠政策。同时余明桂在其研究中，还以制度环境作为调节变量，发现制度环境越差，官僚作风越盛行，企业背景特征对企业获取政府补贴的作用越强烈。

综上所述，企业背景特征的资源效应的表现之一为：企业通过更大可能性的获得贷款，被政府赋予更优惠的实际税率水平和更多政府补贴的方式缓解了企业的资金约束，即所谓的资金获取效应。

#### 4.1.1.2　市场准入效应

长期以来，中国民营企业一直被排除在对国民经济具有重要影响的管制行业以外。陈斌（2008）在其研究中发现，对于能源、交通运输、金融和汽车制造等政府管制行业，中国的民营企业中大约只有 20% 的比例进入了上述行业之一；相比之下，国有企业进入上述行业的比例达到了 90.31%[①]。这一统计数据充分说明了，在行业准入方面，中国民营企业遭受了"歧视"待遇。近些年来，为了更好地发挥市场机制对资源配置的调节作用，政府在一定程度上放宽了民间资本进入管制行业的门槛。国务院于 2005 年出台了"非公经济 36 条"，之后又于 2010 年出台"新 36 条"对其进行了补充与完善，目的在于促进民间资本投资，激励民营企业的发展。但由于政策在具体执行过程中缺乏详细的依据，操作仍具有很大的弹性，致使政策落实不到位，政策的初衷没有被实现，民营企业投资门槛并没有得到实质性的缓解。这也显示出民营企业的背景特征程度依然是突破行业壁垒的有力武器。

市场进入壁垒实际上就是市场进入障碍，这种障碍可能是由于企业自身原因导致的，如由于资金的约束担负不起进入市场的成本，也有可能是因为企业左右不了外部的行政权力导致的。因此，市场进入壁垒一般分为市场性壁垒和管制性壁垒两类。市场性壁垒是指，由于某些行业的生产本身就需要大规模的生产才能实现，只有这样才能使成本保持在较低的水平，实现规模经济性，比如石油化工行业等。进入这种行业的初始巨额投资就致使很多企业望而却步，足以形成很高的进入壁垒。另一种是管制性进入壁垒，它的产生则完全是由于政府的管制而形成的。Stigler（1968）和 Demsetz（1982）强调，市场性因素本质上不足以形成实质性的进入壁垒，多数情况下，所谓的市场竞争优势都是以政策的排他性为基础的政治资源优势。特别是在经济转型期背景下的中国，民营企业所面临的最为普遍的依然是管制性壁垒（汪伟，2005）。

---

① 陈斌，余坚，王晓津，等. 我国民营上市公司发展实证研究［J］. 证券市场导报，2008（4）：42-47.

企业背景特征对于中国民营企业突破管制性壁垒，为企业提供更多的投资机会以帮助其成长的这种效应，称为市场准入效应。胡旭阳（2006）对浙江万向集团进行了案例研究，他主要关注公司的实际控制人的背景特征与企业跨行业经营之间的关系。研究发现，正是由于集团创始人的丰富的政治背景，使其公司能够进入到诸如证券公司和保险公司等受政府管制的金融行业，证实了企业背景特征对企业想要进入的行业壁垒的降低具有重要的促进作用。罗党论和刘晓龙（2009）以2004—2006年中国民营企业为研究样本，研究了企业背景特征与企业绩效之间的关系，侧重点聚焦于考察行业壁垒的中介作用。研究发现，企业的背景特征程度越强，企业就越容易进入到高壁垒行业，进而会促进企业的绩效和成长。此后，罗党论和赵聪（2013）又以2005—2009年中国上市公司为研究样本，进一步探讨了企业对行业壁垒突破方面的影响因素。研究首先阐述了政府对于行业管制性壁垒的决定作用，并发现企业的国有化程度越高，即国有股权比例越高的企业，就更容易突破高壁垒的行业，同时企业所在地区的市场化程度对企业突破行业壁垒具有显著的调节作用。

### 4.1.1.3 其他资源效应

除了上述的资金获取效应和市场准入效应外，企业背景特征还会为企业带来诸如政策信息获取和产权保护等其他方面的效应。对于资金获取和市场准入这类资源效应，其特点是具有排他性的。表现为，如果一个企业获得了，则其他企业就不会获得；或者当一个企业获得的多了，则其他企业就会获得的少。相比之下，作为另一类的信息获取和产权保护等其他效应则不具有排他性，这类资源的特点是，一个企业的获取不会对其他企业的获取起到限制作用。

首先，背景特征企业的信息获取效应可以帮助企业化解政策性风险。我国仍处于市场经济的不断完善期，相比西方较为完整的市场经济发展历程和成熟的市场经济体制，我国的市场经济发展还处于"稚嫩"期，加之我国固有的体制特点，我们只能走出一条适合于中国的社会主义市场经济道路。因此，我国很多的市场经济的行政法规还处于不断地完善中，呈现出政策的多变性，有时会使企业"摸不着头脑"，这给企业的经营和发展带来了很大的不确定性和政治性的风险。张维迎（2001）和吴晓波（2007）等在国内具有一定影响力的学者都认为民营企业在经营发展中最大的风险便是政策性风险，他们同时指出，中国民营企业的"短命"和失败往往更多是因为受到了政府多变性政策的影响，而市场变化的影响是次要的。万科集团的创始人王石在一次接受采访中曾说道："中国的改革是自上而下的改革，我们做企业的不要忽略这一点"。王石所言的话外之音就是，中国企业把握政策的动态和领会政府的意图是至关重要的。近些年来，众多中国的民营企业家通过各种渠道取得参政、议政的权利，积极地参与政治活动，其中的意图不乏为使企业能在第一时间了解政策的趋势和动态变化，来化解政治性风险，以保持企业的平稳经营和受益。

其次，企业在日常的经营中难免会出现一些突发事件或纠纷，但在转型经济体制背景下，很多政策和法规都有待完善，这样一些没有背景特征的民营企业的自身利益就可能得不到有效的保护，不能被公平对待和处理，甚至可能面临利益相关者的各种掠夺和侵害。正是企业的这种经营安全感的缺失，导致了急于寻求政府的庇护，称之为企业背景特征的产权保护效应。背景特征作为产权保护的替代机制，有助于减少民营企业在生产经营活动中可能遭受的各方面侵害，一些经验证据也证实了企业背景特征的产权保护效应。罗党论和唐清泉（2009）以 2002—2005 年中国民营上市公司为研究样本，探讨了制度环境与企业绩效之间的关联。研究发现，地方的法律和制度对企业的产权保护的环境越差，企业主动寻求背景特征的动机越强烈。这也从侧面反映了，企业背景特征对民营企业来说正是一种对市场不完善条件下的替代保护机制。王永进（2010）通过对中国企业投资环境数据的分析与研究，得出结论：政府在具有背景特征企业契约实施过程中发生纠纷时起到了积极的保护作用。说明企业的政治背景使其在整个市场经济环境中得到了"偏爱"，提供了企业背景特征对企业的契约实施和产权保护作用的证据。田利辉和张伟（2013）在研究企业背景特征对企业绩效作用机制时发现，企业背景特征会加强企业的经营平稳性和促进企业的长期绩效，其中企业背景特征的产权保护效应起到了重要的正向中介作用。

综上所述，企业背景特征会为企业带来资金获取、市场准入、政策信息获取和产权保护等效应，进而影响到企业的行为模式，产生特定的行为结果，并最终影响到企业的成长性。

## 4.1.2 企业行为结果：规模扩张、范围扩展和效能折损效应

具有背景特征的企业得到了充沛的资金支持、进入管制市场的权利以及政府庇护等一些资源，掌握上述资源的企业会因此而改变其行为，如扩大投资、多元化经营和维系已形成的政企关系等，而作为获取政治资源效应后的行为结果，我们将其归纳为规模扩张效应、范围拓展效应和效能折损效应。

### 4.1.2.1 规模扩张效应

从企业的行为视角分析，首先企业背景特征对于企业来讲产生了资金获取效应，可以描述为：融资的便利和政府补贴增加了企业的现金流入量（Faccio，2002，2006；Johnson and Mitton，2003；Mian and Khwaja，2005；Claessens，2008；胡旭阳，2006；余明桂，2008，2010 等），税收的优惠减少了企业现金流出量，因此企业的现金净流量增加（Adhikari，2006；吴文锋，2009 等）。企业在拿到这部分资金之后，出于本能对发展的要求，会产生新增投资或追加投资的行为（Whited and Wu，2006；于蔚，2013；徐业坤，2016；唐建新，2016 等）。这种投资行为从行业角度上看，可能是与企业原来行业相关的，也可能是与原来行业不相关的；从投资的对象上来看，表现为对厂房、机械和设备等固定生产要素的投入和劳动力、人力资本等可变生产要素的投入。无论哪一种情况，皆表现为企业的资产总额和雇员规模的增长，实现了规模的扩张。因此，背景特征企业行为结果产生的效应之一就是企业的规模扩张效应。

### 4.1.2.2 范围扩展效应

从资源基础观的角度来说，企业通过企业背景特征获取的优势资源需要通过有效的资源配置才能转化为企业绩效。企业的范围拓展效应主要取决于政治资源的市场准入效应和资金获取效应。企业通过获取的垄断资源的分配权，降低了行业进入壁垒；同时，由于税收优惠、政策优惠、融资便利等资金获取效应，缓解了企业的融资约束，表现为企业在追求规模经济性的同时，进行多元发展战略。

目前已经有学者就企业背景特征与企业多元化战略的关系进行了一些

探索性的研究，结果显示企业背景特征的确会对企业的多元化发展起到促进作用（巫景飞等，2008；张敏，2009；邓新明，2011）。企业多元化发展本质上讲是追求范围经济性。范围经济性指如果把两种或更多的产品合并在一起由一家企业进行生产的总成本，小于这两种或多种产品分别由不同企业生产的成本总和，就会存在范围经济。范围经济需要企业的能力与多元化战略的匹配性，当企业的能力不能驾驭由于经营范围的扩展而产生的管理水平下降、精力分散，进而影响到主营业务与核心能力的时候，多元化的"折价"效应就会产生，企业的总经营绩效就会下降，反而抑制了企业的成长。

### 4.1.2.3　效能折损效应

企业背景特征作为一种政治寻租行为，本质上是"非生产性寻利"行为。这种行为一方面表现为，企业在获得政治资源后产生的规模扩张和范围拓展效应；另一方面表现为，企业在政治寻租过程中对政府的"公关"行为和背景特征建立后的维系行为，如与政府官员的沟通、对政府官员的贿赂、政策压力下的公益性捐赠以及会议的接待等，其行为的结果即为效能折损效应。首先，效能折损效应表现为企业非生产性支出的增加（Tsang，1998；冯延超，2011）。寻租理论告诉我们，企业建立与维系背景特征是需要成本的，这无论对社会还是对企业都是一笔昂贵的支出。对整个社会来说是一种巨大的资源浪费，对于企业来说是资金和人力投入的增加。其次，效能折损效应又表现为企业创新能力的弱化。一方面，由于企业在建立和维系背景特征导致货币或实物形式的支出增加，挤占了企业在其他方面的费用支出，特别是创新和投入；另一方面，由于企业处于政府的"偏爱和庇护"下，产生一种"大树底下好乘凉"的意识，对政府的依赖性骤增，产生了创新意识弱化的现象（江雅雯，2011；罗新明，2013）。甚至认为创新与研发对于企业是可有可无的，同时将相当一部分精力用于背景特征的建立和维系方面（张维迎，2001），最终产生企业背景特征的效能折损效应。

## 4.1.3　企业背景特征影响企业成长性的作用机理

基于前面的讨论，在没有得到实证结果以前，我们把企业背景特征影响企业成长性的作用机理假设为两条路径：第一条路径我们假设企业背景特征对成长性具有直接的影响；第二条路径即为企业背景特征通过中介效应影响企业成长性。

第一条路径表现为企业背景特征对企业成长性的正向影响或负向影响，是指企业背景特征对企业成长性的直接影响，这条路径不需要中介效应的桥梁作用。现有文献对此做了大量的实证研究分析，通过企业背景特征对企业绩效或成长性的直接回归分析得到了两种不同的观点，一种观点认为企业背景特征对于企业的成长性具有正向的影响，而另一种观点认为企业背景特征对于企业的成长性具有负向的影响。但实际上，无论哪一种观点得到的结果都是企业背景特征对企业成长性影响的多条路径综合作用的结果，可能只有企业背景特征的直接影响，可能只是通过中介效应的作用影响，也可能两者兼有。

第二条路径表现为规模扩张效应、范围拓展效应和效能折损效应各种中介效应的综合影响。这正是"企业背景特征—企业行为—成长性"逻辑分析框架。这一分析逻辑的基本思路：企业努力建立自身的背景特征，是为了获得政治资源；企业拿到了政治资源会怎样做，这就是企业行为；企业会做什么，就是行为结果；这种结果对企业好还是坏，这就是影响。企业背景特征的规模扩张效应有利于企业扩大投资、做大规模，会增进企业价值，同时企业范围拓展效应又会通过分散企业的核心竞争能力、多元化经营中的"新宠"效应降低企业的效率；而效能折损效应则会通过非生产性支出、政策负担和研发能力的下降来制约企业的成长，损害企业价值。中介效应的综合作用结果就表现为这种正负向作用的相互叠加或相互抵消。

综上所述，企业背景特征对企业成长性影响的真正作用机理是怎样呢？本研究提出的规模扩张效应、范围拓展效应和效能折损效应的中介效应是否存在呢？如果存在，是完全中介效应还是部分中介效应呢？这都对企业背景特征影响企业成长性作用机理的讨论产生不同的结论。为了更为清晰地表述企业背景特征对企业成长性影响的作用机理，将上述的逻辑推理过程用图 4-1 表示，作为本研究概念模型提出的逻辑基础。

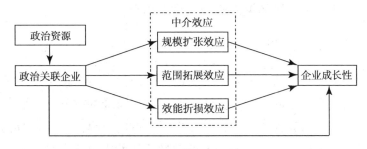

图 4-1　概念模型的逻辑基础

# 4.2　中介效应变量概述

## 4.2.1　规模扩张效应的变量

当企业通过背景特征获得了政治资源，则会影响到企业行为与决策，增加投资，表现为规模扩张效应。规模扩张效应本质上是生产规模和范围的扩大，这样便需要加大房屋、土地、设备等固定资产的投入，称其为固定生产要素的投入，这样势必带来企业总资产的增长。同时经济学理论告诉我们，生产过程需要固定生产要素与可变生产要素按一定比例的同时投入，经济学中一般用劳动代表可变生产要素，这样导致企业会雇用更多的工人，表现为雇员规模的扩大。由此本研究将总资产增长率和雇员规模作为规模扩张效应的变量。

## 4.2.2　范围拓展效应的变量

企业通过背景特征获得了政治资源后，另一个行为表现是进行多元化的经营，最终表现为范围拓展效应。企业通过政治寻租获得的融资便利、补贴优惠和市场的准入资格等政治资源后，一方面缓解了资金的约束，为多元化经营所需投资提供了资金上的支持；另一方面，政府降低了某些行业的进入壁垒，为企业进入该行业提供了更大可能。当然这些行业可能与企业原来的主营业务在核心技术和能力或市场渠道上具有较强的相关性，我们称其为相关多元化；也可能与企业原来的主营业务在核心技术和能力或市场渠道上完全不相关，称其为非相关多元化。由此本研究将多元化和非相关多元化作为范围拓展效应的变量。

## 4.2.3　效能折损效应的变量

企业背景特征固然会带来企业所需要的政治资源，但是寻租理论告诉我们，寻租行为是有成本的。企业在取得背景特征的过程中，以及取得后对政治资源的维系过程中，存在着显性或隐性的支出。如对政府官员的贿赂和宴请，处于政治压力而导致的被动型公益性支出或捐赠，相关政治活动的出席与陪同等。这些支出可能以资金或物质的形式出现，也可能以人力资本的形式出现。有些支出是显性的，有些是隐性的，可能无法精确衡量。但有相当大一部分，特别是物质性的支出会隐含在企业的销售费用、管理费用和营业外支出中，可称之为非生产性支出。同时，由于一个企业的资源是有限的，寻租成本的增加必然会挤占企业在其他方面的支出与精力，特别是企业的创新能力。一方面，由于政治寻租在物质性支出的增加挤占了企业对创新研发的投入；另一方面，由于企业对政府的"依存感"，即产权保护效应，消磨了企业的创新意识，最终表现为创新能力弱化。由此本研究将非生产性支出和创新能力弱化作为范围拓展效应的变量。

## 4.3　研究假设

### 4.3.1　企业背景特征与企业成长研究假设

企业背景特征对企业成长性的影响究竟是积极的还是消极的，也即背景特征给企业带来的综合效应究竟为正向的还是为负向的。这种结果既取决于企业背景特征可能对企业成长性存在的直接影响，又取决于规模扩张效应、范围拓展效应和效能折损三种中介效应综合作用。在这里所研究的是企业背景特征对企业成长性的影响是可能存在的直接效应和中介效应的共同作用的综合结果，根据理论推导和经验证据得到企业背景特征对企业成长性的影响的假设。

因为民营企业建立和维持背景特征是以背景特征能够为企业带来经济利益的假设为前提的，否则企业就不会进行政治寻租了。寻租理论同时也告诉我们，一般情况下寻租收益一定要大于寻租成本，寻租行为才会产生（Tullock，1994）。但在政府掌握行政审批权和关键资源分配权的背景下，我国关于资源分配和行政审批标准的相关政策和法规具有很大程度的弹性，这为企业的政治寻租行为提供了肥沃的土壤。一方面，地方政府出于对政绩或其他经济增长目标的考虑，这种以企业规模为标准的资源分配原则，为企业"讨好"政府提供了一个方向的指引，这样企业在效率和规模扩张之间往往选择了后者，千方百计地获取规模扩张所需资金，实现跨越式的发展，旨在得到政府的"眷顾"；另一方面，企业的政治寻租行为必然会导致支出的增加，这种以"政治背景"为优势的观念促使民营企业必须在有限的资源和精力中拿出一部分用于维系与政府之间的关系，势必会挤占企业在创新和研发方面的投入，同时可能会产生对政府的非正常的"依赖感"，不思进取，企业最终可能演变成为一个政治依存型的大规模低效企业。因此，一方面背景特征对于中国民营企业是"扶持之手"（Fisman，2001；Charumilind，2006；Claessens，2006；Goldman，2006；Hangyang Li and Yan Zhang，2007；Akexandra Niessen and Stefan Ruenzi，2010；胡旭阳，2006；吴文锋，2008；胡永平，2009；孙晶，2012；卫武等，2014 等），另一方面背景特征对企业还存在着"掠夺之手"（Shaffer，1995；Shieifer and Visbny，2000；Faccio，2002，2006；Chen，2006，2010；邓建平，2009；杨其静，2011；冯延超，2011；王永进，2012；于蔚，2016），来自中国的经验证据从不同的角度证实了企业背景特征的这种双重效应。因此，本研究将企业背景特征对成长性的正向影响作为原假设，将企业背景特征对成长性的负向影响作为备择假设。

**H：企业背景特征对企业的成长性有正向影响。**

**H′：企业背景特征对企业的成长性有负向影响。**

## 4.3.2　企业背景特征、规模扩张效应、企业成长性的研究假设

针对具有背景特征企业的行为结果的第一个效应，即规模扩张效应，我们从企业背景特征与规模扩张效应、规模扩张效应与企业成长性两条路径加以论述，并提出规模扩张效应的两个变量，即总资产增长和雇员规模的相关假设。

#### 4.3.2.1 企业背景特征与规模扩张效应的研究假设

##### （1）企业背景特征与总资产增长

企业的总资产的增长本质上讲是一种行为的结果，那么导致这种结果的行为是什么呢？当然是企业的投资行为。投资行为需要什么呢？当然是资金。那么是什么有助于资金的获取呢？则是企业的背景特征。这就是企业背景特征与总资产增长之间的逻辑关系。首先，我国的民营企业在发展中的最大障碍之一就是资金的约束，在我国金融体系的信贷资金的分配比例中，民营企业所占份额远不及国有企业，民营企业会因为资金的约束而错失投资良机；其次，民营企业政治寻租的目的相当大的程度上是为了获取融资便利、税收的优惠和政府补贴，这些政治资源都会有助于缓解企业的资金约束，促进企业的投资行为；再次，政府的资源分配原则也往往看重企业的规模，这种政府所认可的"规模大，效益好"的推断，相当大程度上激发了企业的投资热情。Whited 和 Wu（2006）研究了企业在面临资金紧缺时的投资决策，将企业投资的机会成本用拉格朗日乘子来表示，并得出结论：当企业的资金约束得到缓解以后，拉格朗日乘子也随之下降，也就是说企业资金约束的缓解使其投资的机会成本下降，促进了企业的投资行为。另外，经验证据也显示，企业背景特征能够促进企业投资，进而带来总资产的增长。徐业坤（2016）和唐建新（2016）讨论了企业背景特征与民营企业的投资扩张的关系，结果显示企业受政治压力会主动或被动地投资扩张，因此企业背景特征表现出对企业总资产的增长具有显著的正向影响。鉴于上述讨论，提出如下假设：

**假设 H1a1：企业背景特征对总资产增长具有正向影响。**

##### （2）企业背景特征与雇员规模

企业背景特征与企业的雇员规模我们从两方面加以论述。一方面，雇员规模作为主要的可变生产要素，需要与企业的固定资产投资同步增长，才可能实现生产能力的增长，这是经济学理论带给我们的启示。生产过程需要固定和可变的要素同时投入才可能实现，单独靠固定资产的投入，没有劳动的参与不可能实现生产产品或服务的创造，这是生产的两个最基本的要素。另一方面，背景特征给企业带来的某种程度上的政策性负担，也会促使企业雇用更多的员工。衡量地方政府的政绩的重要指标就是就业率。因此，政府通过对企业输入政治资源，然后希望企业为其实现地方政治或经济目标的初衷是显而易见的。而企业为了自身利益也会主动或被动地去迎合政府或政府官员的各种"喜好"，这样企业的某些决策便不是以生产为目的，而是带有了政治目的。张维迎（2001）、郭剑花（2011）以2004—2008 年中国民营上市公司为研究样本，研究了企业背景特征对企业的预算约束和政府补贴的影响。研究过程中发现，具有背景特征的企业比没有背景特征的企业具有更重的雇员负担。梁莱歆和冯延超（2010）以沪深民营上市公司为样本，搜集了 2006—2009 年的企业相关数据，研究了企业背景特征与雇员规模和薪酬成本之间的关系。结果显示，与没有背景特征的企业相比，具有背景特征的企业的员工人数和所支付的薪酬明显较多，而且背景特征的强度越大，这种差异越明显。鉴于上述讨论，提出如下假设：

**假设 H1b1：企业背景特征对雇员规模具有正向影响。**

### 4.3.2.2 规模扩张效应与企业成长性的研究假设

**（1）总资产增长率与企业成长性**

将企业做大、做强是企业发展的本能。一般来说，企业总资产的增加是企业成长性的外在表象，但不能说企业总资产规模的增长很快就一定具有好业绩或成长性，而要从古典和新古典的企业成长理论对于规模经济性的解释来寻求理论支持。规模经济性是指企业由于规模的扩大而导致的平均成本下降的现象，长期平均成本曲线的最低点代表着企业的最优规模，这个规模意味着企业通过增加投资，扩大规模，找到的能使自身利润最大化的规模，这是从经济学的角度对企业的扩张行为动因的解释。同时，将总资产规模作为控制变量对企业绩效或成长性的影响加以控制的方法得到了广泛的应用，而且结果显示出企业总资产规模对企业业绩或成长性具有显著的正向影响（冯延超，2011；章细贞，2015；于蔚，2016）。另外，黄福广（2015）的研究表明企业投资导致的总资产的增长对企业成长具有显著的正向影响。鉴于上述讨论，提出如下假设：

**假设 H1a2：总资产增长对企业成长性具有正向影响。**

**（2）雇员规模与企业成长性**

关于对雇员规模与企业成长性的关系分析，首先还是从规模经济性的角度出发。随着企业的投资增加，固定资产的规模不断扩大，即固定生产要素的投入增加，为了实现正常的生产过程，需要可变投入要素投入的增加，即劳动，本研究用雇员规模来表示。但为了实现规模经济性，可变要素的投入与固定要素的投入要有一定的比例，形成最优要素投入比例。理论上讲，如果没有按照最优投入要素比例进行投入，就不能实现利润最大化的目标。在没有进行经验证据讨论以前，假定企业知道固定要素与可变要素投入的最优比例，并按其进行投入，理论上讲雇员规模将对企业绩效和成长性具有促进作用。下面分析来自中国的经验证据：杜传忠（2012）研究了国有化程度、政府税收、市场竞争的因素对企业成长性的影响，在其做控制变量回归时，将雇员规模作为控制变量，得到雇员规模与企业成长性的负相关的结果；段升森（2011）对企业规模与企业的成长性做了实证研究，研究中引入了员工的规模变量，结果显示企业的雇员规模与企业的短期绩效具有正向的影响，对于长期的成长性具有负向的影响。由此可见，雇员规模对企业成长性影响的结论并不统一。鉴于上述讨论，提出如下假设：

**假设 H1b2：雇员规模对企业成长性具有正向影响。**

**假设 H1b2′：雇员规模对企业成长性具有负向影响。**

### 4.3.3 企业背景特征、范围拓展效应、企业成长性的研究假设

针对具有背景特征企业的行为结果的第二个效应，即范围拓展效应，从企业背景特征与范围拓展效应、范围拓展效应与企业成长性两条路径加以论述，并提出范围拓展效应的两个变量，多元化与非相关多元化的相关假设。

#### 4.3.3.1 企业背景特征与范围拓展效应的研究假设

##### （1）企业背景特征与多元化

企业对多元化发展从制度经济学的角度而言是为了节约交易成本，从传统的经济学的角度来说，是为了追求范围经济性。企业通过背景特征获得政治资源后，缓解了资金的约束，获得了市场的准入资格，主动或被动地进行多元化的经营。一些代表性经验证据表明，政治资源对企业多元化的发展具有促进作用。蔡地（2009）的研究表明中国民营企业家的政治背景与企业的多元化经营正相关。张敏（2009）的研究也发现背景特征企

业比无背景特征企业更倾向于多元化的经营。孙晶（2012）通过对多元化战略的中介作用的实证研究，得出企业背景特征对企业多元化的纵向强度和横向强度均具有促进作用。郑建明（2014）以中国上市公司为研究样本，基于 2006—2010 年的企业面板数据，对企业背景特征与公司价值进行了实证研究。结果显示：企业背景特征对于企业的多元化行为的促进作用，在民营企业中体现得更为明显。鉴于上述讨论，提出如下假设：

**假设 H2a1：企业背景特征对多元化具有正向影响。**

**（2）企业背景特征与非相关多元化**

面对政府所提供的贷款方面的支持和宝贵的市场准入的机会，企业可能会增加对与自已主营业务不相关的行业的投资，表现为非相关多元化的经营。国内很多学者以多元化作为驱动的中介作用研究了企业背景特征对企业发展的影响，其中比较具有代表性的研究有：巫景飞等（2008）以210 家中国上市公司为样本，基于 2004—2006 年的企业面板数据，研究了企业高管的政治背景对多元化战略的影响。得出结论：企业高管的政治背景、企业的地域多元化与业务多元化均具有积极的促进作用。张敏（2009）在其研究中主要关注了企业的背景特征与企业多元化经营程度的关系，研究结果显示：与没有背景特征的企业相比，具有背景特征企业的多元化程度明显高于无背景特征的企业，说明了企业背景特征对非相关多元化的促进作用。邓新明（2011）研究发现，企业背景特征对企业的多元化经营行为起到了促进作用，特别是能够促进企业的非相关多元化。杨京京（2012）以地域多元化和行业多元化为中介变量，实证研究了民营企业背景特征与企业的短期绩效和长期成长性的关系，并得到了企业背景特征对企业的地域多元化和行业多元化均具有促进作用。鉴于上述讨论和经验证据，提出如下假设：

**假设 H2b1：企业背景特征对非相关多元化具有正向影响。**

**4.3.3.2　范围拓展效应与企业成长性的研究假设**

**（1）多元化与企业成长性**

根据前文论述，企业在获取政治资源后，会进行多元化发展，这里所说的多元化包括相关多元化和非相关多元化。但由于多元化的"折价"效应和"溢价"效应同时存在，即经济学中称作的范围经济性和范围不经济性，企业的多元化发展对企业的成长究竟是正向的影响还是负向的影响，不同学者对其持有不同的观点。孙晶（2012）通过对多元化战略的中介作用的实证研究，得出背景特征的纵向强度和横向强度均对企业成长性具有积极的正向驱动作用，其中多元化类型起到正的中介作用。邓新明（2011）的研究指出企业的多元化对企业成长性具有正向的影响。

然而另一种观点是企业的多元化经营会通过多元化的"新宠效应"降低了企业的绩效，给企业带来负向的影响。邓新明（2011）发现虽然企业的背景特征导致的多元化短期内会促进企业的绩效，但长期来看不利于企业发展。还有研究结果显示，研究多元化的不同维度的划分对企业成长性的影响出现多种情况，如杨京京（2012）以地域多元化和行业多元化为中介变量，实证研究了民营企业背景特征与企业的短期绩效和长期成长性的关系，民营企业行业多元化程度与企业短期绩效负相关，与长期成长性没有显著关系。鉴于上述讨论，提出如下假设：

**假设 H2a2：多元化对企业成长性具有正向影响。**

**假设 H2a2′：多元化对企业成长性具有负向影响。**

**（2）非相关多元化与企业成长**

非相关多元化，是指企业新进入的行业与原来的业务在产品制造的核心技术、销售渠道及服务等方面完全不相关，又称为多角化经营。企业在获取政治资源后，可能会主动或被动地走上非相关多元化发展的道路。多数经验证据表明，非相关多元化对企业的绩效或成长具有负向的影响作用。Schoar（2002）研究了多元化对企业效率的影响。结果显示：由于多元化的"新宠效应"，企业会将相当的一部分精力转向新的业务和市场，忽略了原有业务的经营，导致了企业整体绩效的下滑。中国的经验证据也表明，民营企业的多元化特别是非相关多元化战略，产生了多元化的"折价"效应，对企业绩效产生了显著的负面影响，降低了企业的生产效率（李捷瑜和江舒韵，2009）。邓新明（2011）研究发现，背景特征能够促进企业的非相关多元化，进一步研究表明，企业的非相关多元对企业绩效具有显著的负向影响。杨京京（2012）研究发现，民营企业行业多元化程度与企业短期绩效负相关，与长期成长性没有显著关系。鉴于上述讨论，提出如下假设：

**假设 H2b2：** 非相关多元化对企业成长性具有负向影响。

## 4.3.4　企业背景特征、效能折损效应、企业成长性的研究假设

针对具有背景特征企业的行为结果的第三个效应，即效能折损效应，从企业背景特征与效能折损效应、效能折损效应与企业成长性两条路径加以论述，并提出效能折损效应的两个变量，即非生产性支出与创新能力弱化的相关假设。

### 4.3.4.1　企业背景特征与效能折损效应的研究假设

#### （1）企业背景特征与非生产性支出

背景特征作为一种寻租行为，本质上是"非生产性寻利"行为。这种行为一方面表现为，企业在获得政治资源后产生的规模扩张和范围拓展效应；另一方面表现为，企业在寻租过程中对政府的"公关"行为和背景特征建立后的维系行为，如与政府官员的沟通、对政府官员的贿赂、政策压力下的公益性捐赠以及会议的接待等，其行为的结果即为效能折损效应。效能折损效应表现为企业非生产性支出的增加（Tsang，1998）。寻租理论告诉我们，企业建立与维系背景特征是需要成本的，这无论对社会还是对企业都是一笔昂贵的支出。对整个社会来说是一种巨大的资源浪费，对于企业来说是资金和人力投入的增加。张维迎（2001）的调研结果显示，企业会将超过一半的精力用于背景特征的建立与维系方面，消耗了企业大量的物化资本。冯延超（2011）在对背景特征成本的研究中，发现企业的背景特征对企业的非生产性支出具有显著的正向影响。鉴于上述讨论，提出如下假设：

**假设 H3a1：** 企业背景特征对非生产性支出具有正向影响。

#### （2）企业背景特征与创新能力弱化

实际上，中国民营企业由于其产权明晰、自负盈亏，与国有企业相比往往具有更高的效率，但由于企业背景特征使企业处于政府的"偏爱和庇护"下，产生一种"大树底下好乘凉"的意识，对政府的依赖性骤增，产生了创新意识弱化的现象，甚至认为创新与研发对于企业是可有可无的，导致背景特征弱化了企业研发与创新的动机，不利于企业保持其核心竞争力。Leibenstein（1966）指出，如果企业获取超额利润的途径是依靠行政

权力而获得的排他性的垄断资源，这种"不劳而获"获利方式会对企业的管理效率和创新研发产生极其消极的作用，企业将会失去对自身核心能力的培养。中国的经验证据也表明了企业背景特征对企业创新能力具有弱化的影响。江雅雯（2011）基于中国的投资环境，研究了企业背景特征和创新活动的关联。作为研究结论之一，她这样描述到：国有企业的被动性的背景特征导致了消极的研发和创新活动。罗新明（2013）以中国的创业板上市公司为研究样本，基于2009—2011年的企业面板数据，以研发投入为中介，研究了背景特征与企业创新绩效之间的关系。结果显示：背景特征降低了企业的研发强度。鉴于上述讨论，提出如下假设：

**假设 H3a2：企业背景特征对创新能力弱化具有正向影响。**

### 4.3.4.2 效能折损效应与企业成长性的研究假设

**（1）非生产性支出与企业成长性**

企业的非生产性支出对于企业成长性影响的负面作用是显而易见的。可以从两方面加以分析：一方面，从财务绩效的角度来看，企业非生产性支出的增加会显著降低企业财务的短期绩效水平，由于非生产性支出往往表现为企业的销售费用、管理费用和营业外支出，它的增长势必会拉低企业的利润水平；另一方面，企业的非生产性支出挤占了企业在其他方面可能的投入，特别是挤占了对研发和创新的投入，这样便削弱了企业赖以生存的创新能力和核心竞争力，继而阻碍了企业的成长。近些年来，一些具有代表性经验证据也证实了这样的推断。冯延超（2011）研究了背景特征的成本与企业效率之间的关系，研究结果显示，作为重要的背景特征成本之一的企业非生产性支出显著降低了企业效率。逯东（2012）以国有上市公司为样本，基于2003—2009年的企业面板数据，研究了"官员型"高管对企业绩效的影响，结果显示，如果企业的高管是"官员型"的，其生产性支出会显著高于其他企业，而绩效水平也较低。

何轩（2016）以中国私营企业为研究样本，基于2002—2012年的企业调查数据，研究了腐败对企业家行为活动的影响，得出结论：政治力量会导致企业的非生产性支出的增加，进一步阻碍了企业的成长，而且地区的腐败程度越严重，这样的影响越显著。鉴于上述讨论，提出如下假设：

**假设 H3a2：非生产性支出对企业成长性具有负向影响。**

### （2）创新能力弱化与企业成长性

企业成长的创新理论是一个古老、成熟，至今仍然充满活力的理论。熊彼特将企业的创新行为划分为产品创新、技术创新、市场创新和管理创新等，认为企业家的创新思维是推动创造性革新的主体。企业要保持长期的竞争优势与成长，必须进行渐进式创新和突破性创新，同时经验证据也表明创新对于企业成长性的重要意义。邵敏和包群（2012）以政府补贴作为中介变量研究了背景特征对企业生产率的影响，结果显示，具有背景特征的企业所获得的政府补贴有一个点值，当补贴数额超过这个值，企业的创新研发的动力就会下降，继而降低了企业的效率水平。罗新明（2013）以研发投资为中介作用，探讨了企业背景特征对企业绩效的影响，研究发现研发投资强度的降低对企业绩效产生抑制作用。鉴于上述讨论，提出如下假设：

**假设 H3b2：创新能力弱化对企业成长性具有负向影响。**

## 4.3.5 中介作用假设

根据上述讨论和相关文献的梳理，为了检验规模扩张、范围拓展和效能折损效应的中介作用，分别对规模扩张、范围拓展和效能折损效应的变量的中介作用提出如下假设。

### 4.3.5.1 规模扩张效应的中介作用假设

#### （1）总资产增长的中介作用

通过上述讨论可知，企业背景特征对总资产增长具有正向影响，而总资产增长对企业成长性具有正向影响，可以推断出总资产增长在企业背景特征对企业成长性影响中起到了正向的中介作用。故提出如下假设：

**假设 H4：总资产增长在企业背景特征对企业成长性影响中具有正向的中介作用。**

#### （2）雇员规模的中介作用

通过上述讨论可知，企业背景特征对雇员规模具有正向影响，而雇员规模对企业成长性具有正向或负向的不确定影响，可以推断出雇员规模在企业背景特征对企业成长性影响中起到了正向的或负向的中介作用。故提出如下假设：

**假设 H5：**雇员规模在背景特征对企业成长性影响中具有正向的中介作用。

**假设 H5′：**雇员规模在背景特征对企业成长性影响中具有负向的中介作用。

#### 4.3.5.2 范围拓展效应的中介作用假设

**（1）相关多元化的中介作用**

通过上述讨论可知，企业背景特征对多元化具有正向影响，而多元化对企业成长性具有正向的或负向的不确定影响，可以推断出多元化在企业背景特征对企业成长性影响中起到了正向的或负向的中介作用。故提出如下假设：

**假设 H6：**多元化在企业背景特征对企业成长性影响中具有正向中介作用。

**假设 H6′：**多元化在企业背景特征对企业成长性影响中具有负向中介作用。

**（2）非相关多元化的中介作用**

通过上述讨论可知，企业背景特征对非相关多元化具有正向影响，而非相关多元化对企业成长性具有负向影响，可以推断出非相关多元化在企业背景特征对企业成长性影响中起到了负向的中介作用。故提出如下假设：

**假设 H7：**非相关多元化在企业背景特征对企业成长性影响中具有负向中介作用。

#### 4.3.5.3 效能折损效应的中介作用假设

**（1）非生产性支出的中介作用**

通过上述讨论可知，企业背景特征对非生产性支出具有正向影响，而非生产性支出对企业成长性具有负向影响，可以推断出非生产性支出在企业背景特征对企业成长性影响中起到了负向的中介作用。故提出如下假设：

**假设 H8：**非生产性支出在企业背景特征对企业成长性影响中具有负向中介作用。

**（2）创新能力弱化的中介作用**

通过上述讨论可知，企业背景特征对非生产性支出具有正向影响，而非生产性支出对企业成长性具有负向影响，可以推断出非生产性支出在企业背景特征对企业成长性影响中起到了负向的中介作用。故提出如下假设：

**假设 H9：创新能力弱化在企业背景特征对企业成长性影响中具有负向中介作用。**

## 4.4　概念模型的构建

基于上文的推导与描述的逻辑基础，把企业背景特征影响企业成长性的作用机理假设为两条路径：第一条路径假设企业背景特征对成长性具有直接的影响；第二条路径即为企业背景特征通过中介效应影响企业成长性。企业背景特征究竟是会对企业成长具有积极还是消极的影响，也即企业背景特征给企业带来的综合效应究竟为正向还是为负向，取决于规模扩张效应、范围拓展效应和效能折损效应的综合影响，以及企业背景特征对成长性可能存在的直接影响。根据企业背景特征的资源效应导致民营上市公司的行为结果而产生的规模扩张、范围拓展和效能折损三种中介效应，在引入中介效应的变量后，并综合上述理论推导和假设提出，建立如图4-2所示的概念模型。

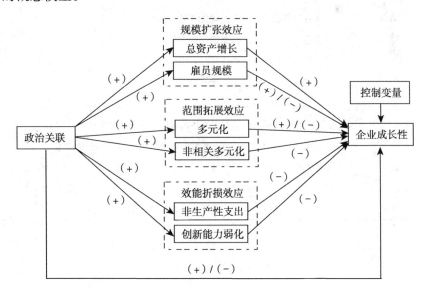

图4-2　概念模型

各假设关系的汇总见表4-1。

### 表4-1 研究假设汇总

| 假设编号 | 假 设 内 容 |
|---|---|
| H | 企业背景特征对企业的成长性有正向影响 |
| H′ | 企业背景特征对企业的成长性有负向影响 |
| H1a1 | 企业背景特征对总资产增长具有正向影响 |
| H1a2 | 总资产增长对成长性具有正向影响 |
| H1b1 | 企业背景特征对雇员规模具有正向影响 |
| H1b2 | 雇员规模对成长性具有正向影响 |
| H1b2′ | 雇员规模对成长性具有负向影响 |
| H2a1 | 企业背景特征对多元化具有正向影响 |
| H2a2 | 多元化对成长性具有正向影响 |
| H2a2′ | 多元化对成长性具有负向影响 |
| H2b1 | 企业背景特征对非相关多元化具有正向影响 |
| H2b2 | 非相关多元化对成长性有负向影响 |
| H3a1 | 企业背景特征对非生产性支出具有正向影响 |
| H3a2 | 非生产性支出对成长性有负向影响 |
| H3b1 | 企业背景特征对创新能力弱化具有正向影响 |
| H3b2 | 创新能力弱化对成长性有负向影响 |
| H4 | 总资产增长在企业背景特征对成长性的影响中具有正向的中介作用 |
| H5 | 雇员规模在企业背景特征对成长性的影响中具有正向的中介作用 |
| H5′ | 雇员规模在企业背景特征对成长性的影响中具有负向的中介作用 |
| H6 | 多元化在企业背景特征对成长性的影响中具有正向的中介作用 |
| H6′ | 多元化在企业背景特征对成长性的影响中具有负向的中介作用 |
| H7 | 非相关多元化在企业背景特征对成长性的影响中具有负向的中介作用 |
| H8 | 非生产性支出在企业背景特征对成长性的影响中具有负向的中介作用 |
| H9 | 创新能力弱化在企业背景特征对成长性的影响中具有负向的中介作用 |

# 第 5 章　变量设计与研究方法

本章详细说明了研究的数据来源与搜集过程，阐述了本研究的自变量、因变量、中介变量和控制变量的具体测量方法，介绍了研究中所使用的数据筛选与处理、统计性分析和回归与假设检验的方法。

## 5.1　数据来源与搜集

### 5.1.1　数据的来源

数据的客观性和真实性是实证研究的基础，本研究从变量的选取上尽可能多地采用客观数据，以减少人为主观干扰，追求研究结果的客观性。本研究所需相关财务数据和非财务数据主要来源于目前被广泛应用的国泰安（CSMAR）数据库，对于不确定数据和缺失数据，通过锐思（RESSET）数据库、新浪网和凤凰网财经版块，或直接通过百度或 GOOGLE 搜索引擎尽可能加以确认和补充，对于经上述搜集过程仍存在数据缺失的个别企业加以剔除。

其中，企业背景特征相关数据来源于国泰安数据库中国民营上市公司模块的实际控制人背景文件、治理结构模块中高管个人简历文件和人物特征模块中的政治背景和高管综合资料，并利用 RESSET 数据库和新浪网、凤凰网财经版块搜集各上市公司历任总经理和董事长的信息加以补充；反映范围拓展效应的多元化相关数据主要来源于国泰安数据库中治理结构模块中的行业类型、经营范围和公司沿革文件，后通过上述其他数据搜集渠道加以补充；反映规模扩张效应变量相关数据来源于国泰安数据库中民营上市公司模块的相关文件；反映效能折损效应变量的相关数据来源于国泰安数据库财务报表模块的利润表、资产负债表和现金流量表文件；反映企业成长性变量的相关数据来源于国泰安数据库财务指标分析模块。

## 5.1.2 数据搜集过程

我国证券市场建立于20世纪90年代，相对于西方资本市场的发展较晚，其发展和完善需要一个过程。在我国证券市场发展过程中，为了弥补内生性的制度缺陷，国家在2005年启动了股权分置改革，历时一年完善了我国证券市场在体制和流程上出现的问题。此外，财政部于2006年2月15日发布了新的会计准则和审计体系，其中企业会计准则于2007年1月1日起在上市公司中执行。考虑到我国上市公司在股权分置改革前后的治理结构的差异和新会计准则对上市公司财务数据的影响，为了避免上述差异和上市公司的政策适应性对本研究的影响，本研究的观察期选择从2011年起，取2011—2015年五个年份为观察年份，数据来源包括国泰安数据中心、锐思数据库、中国证券监督管理委员会网站（www.csrc.gov.cn）、凤凰网和新浪网的财经专题、百度和google的网络搜索。数据收集的具体过程包括以下两个阶段：

第一阶段：原始样本企业范围的确定。

本研究对象为民营上市公司，故选取所有2010年以前在沪深证券交易所上市并在观察期间（2011—2015年）内持续经营的民营公司为原始样本。依据本研究对民营公司的界定，并结合国泰安数据库中所提供的字段选择功能，对民营上市公司原始样本的选取原则为：①公司的实际控制人是自然人，即由个人或家族最终控制的上市公司；②公司在首次公开募股（Initial Public Offerings，IPO）时即为民营的上市公司；③从上市开始，公司性质始终为民营的公司。换句话说，公司在上市期间没有因为重组或股权变更而改变其民营性质。

第二阶段：原始样本的筛选。

在获取原始样本范围后，本研究对可能影响到本研究结果的公司按如下条件进行二次筛选：①剔除在2011—2015年中被监管机构ST、SST、*ST的上市公司。原因在于：这些企业连年亏损，股利政策属于非正常情况，而且ST、SST、*ST作为一种重大事件对股价会带来较大影响，以避免企业非正常因素对其成长性的影响。②剔除了会计信息披露情况不完整的上市公司。

经过上述筛选过程，本研究最终选定了 528 个中国民营上市公司作为最终的研究样本。

第三阶段：数据的搜集。

依据最终确定样本，制作上市公司的证券代码的 Excel 导入文件，利用国泰安数据库中的代码导入功能进行数据的下载和搜集。本研究所需数据可分为两大类：

第一类是定性的财务数据，此类数据的搜集相对简单，在国泰安数据库的数据中心界面设定好时间、代码导入、筛选条件和需要的字段后下载数据，然后根据变量设定，用 Excel 加以辅助运算进行二次处理。

第二大类是虚拟变量的数据，本研究包括企业背景特征、多元化和非相关多元化变量，这类变量的赋值无法通过下载的原始数据或简单处理得到。企业背景特征作为本研究唯一的解释变量对研究结果至关重要。本研究企业背景特征的考察对象为公司的实际控制人、董事长或总经理。原因在于，公司的实际控制人、董事长或总经理实为公司的决策核心，掌握着公司的实际控制权，并对公司的战略发展具有决定性作用。为确保企业背景特征数据测量的科学性，首先需要全面搜集能够反映企业政治背景的数据，本研究先将样本企业的实际控制人、董事长和总经理的个人简介信息，公司高管团队的政治背景信息用 Excel 进行了汇总整理，并对某些不确定信息进行交叉对比，必要时借助网络搜索进行核实，然后根据赋值标准对企业背景特征变量进行赋值。多元化和非相关多元化变量的赋值过程同企业背景特征相同，先收集样本企业在观察期间的行业代码和经营范围的数据，然后通过交叉对比和网络搜索进行核实，以保证数据的准确性。

## 5.2　变量的测量

### 5.2.1　自变量

解释变量为企业背景特征（*Pol*），对其客观度量是保证研究科学性的基础。企业背景特征可分为显性背景特征和隐性背景特征。在本研究中对于企业背景特征数据的收集，仅限于显性背景特征关系而不包括隐性背景特征关系，主要基于以下两方面原因：①隐性背景特征处于法律与制度框架边缘的"灰色地带"。由于隐性背景特征关系并未受到法律与制度的保护，因此这种非正式的背景特征关系也相对不稳定，这部分样本数据可能会干扰研究结果。②隐性背景特征的数据可得性较弱。正是由于隐性背景特征其建立渠道具有一定的私密性，其合法性容易受到质疑，企业不愿意把将这种隐性关系公开，在数据的可获得性和真实性上存在着一定问题。鉴于此，本研究中背景特征数据的搜集不包括隐性背景特征，只搜集上市公司公开的显性背景特征的相关信息。

将考察对象锁定为上市公司的实际控制人、董事长和总经理。由于公司的实际控制人、董事长和总经理作为公司的决策层的核心，决定着公司的战略发展方向和实际决策权，公司的成长和业绩又直接影响到其自身利益，他们会将自身的背景特征产生的资源效应不留余力地提供给自己任职的公司，进一步影响企业的业绩和成长。

本研究对企业背景特征测量的方法，考虑到赋值过程的主观性问题，赋值过程力图简单，赋值结果力求无异议。首先将源于国泰安数据库中样本公司的实际控制人、董事长和总经理的个人简介和政治背景资料用 Excel 汇总，然后逐条筛查，将企业背景特征的认定为企业的实际控制人、董事长或总经理具有中央或地方级政府工作经验。这里的政府工作经验是指曾经或现任各级人民代表大会代表、各级中国人民政治协商会议代表、各级政府工作和军队任职经验。根据本研究需要，考虑到行政层级，采用赋值法（章细贞，2015），对企业背景特征变量的具体的赋值标准如下：①公司实际控制人或董事长或总经理具有中央级政府工作经验，赋值 2；②公司实际控制人或董事长或总经理具有地方级政府工作经验，赋值 1；③公司实际控制人或董事长或总经理无政府工作经验，赋值 0。需要指出的是，本研究的企业背景特征的观测年度是 2011—2014 年，考虑到企业背景特征对企业成长性影响的滞后效应，其他变量，包括中介变量、控制变量和因变量的测量年份向后递延一年，统计的是 2012—2015 年的数据。

## 5.2.2 因变量

本研究的因变量是企业成长，用 *Grow* 来表示。首先需要根据研究特点，建立一个相对合理的指标评价体系，然后通过主成分分析法对指标体系进行降维处理，最终得到企业成长性得分。

### 5.2.2.1　企业成长性指标体系的建立

#### （1）指标选取

对于成长性指标的选取，不同研究会根据其要求的内容建立自己的指标体系，并无统一的标准。本研究通过文献查阅并结合研究自身需要，借鉴了孙晶（2011）选取的代表经营能力和增长能力的 9 个指标评价体系和章细贞（2015）所构建民营企业成长性评价指标体系，并通过交叉对比与排查，总结出能够反映出样本企业的动态成长过程的指标评价体系，最终运用主成分分析得到样本企业成长性得分。

本研究的自变量是企业的成长性，这种成长性必然需要资本的运营能力、短期的盈利能力作为基础，而且成长性是一个动态变化的过程，而本研究想探求的正是这种企业背景特征与企业发展动态变化之间的关系，企业不断成长的过程一定是企业盈利能力不断提升，所有者权益不断增长的过程。因此在指标选取方面侧重于能够反映企业最终运营结果的指标，在以往研究文献的企业成长性指标体系中的变量较多，有些变量间又存在因果联系，导致共线性问题，通过主成分分析进行的降维处理，发现有些变量是冗余，因此，在借鉴现有文献研究成果的基础上，根据研究需要，对指标体系加以适当增减，最终选取能够反映企业动态成长能力的 7 个变量作为主成分分析的指标体系，分别为总资产收益率增长率、净资产收益率增长率、营业总收入增长率、净利润增长率、所有者权益增长率、总资产周转率增长率和固定资产周转率增长率。

笔者并未对选取的 7 个变量进行归类加以说明，因为本研究的目的是能够得到企业成长的综合得分，这个运算过程是运用主成分分析法完成的，所以在分析之前的变量归类和对提取出来的主成分命名也是带有一定的主观性。因为其不会影响到研究结论，所以未做此工作。

#### （2）变量测量

成长性体现的是公司的动态成长能力，所选变量均为年度指标，因此以下各变量均采用增长率的形式，各变量的具体测量方法如下：

第一，总资产收益率。它是分析公司盈利能力时一个非常有用的比率，其取值的高低直接反映了公司的竞争实力和发展能力。由于企业的总资产中一般都含有一定比率的负债，因此也可作为企业在进行融资决策时考虑的指标。总资产收益率体现了企业应用其全部资源收益情况，反映了公司高管的战略选择和战略实施结果。计算公式为：

$$总资产收益率 = \frac{净利润}{平均资产总额}$$

其中，平均资产总额 $= \dfrac{年初资产总额 + 年末资产总额}{2}$

增长率的计算公式为：

$$总资产收益率增长率_t = \frac{总资产收益率_t - 总资产收益率_{t-1}}{总资产收益率_{t-1}}$$

其中，下角标 $t$ 代表观测年份。如若要计算 2012 年度的企业的总收益增长率，则计算公式为：

$$总资产收益率增长率_{2012} = \frac{总资产收益率_{2012} - 总资产收益率_{2011}}{总资产收益率_{2011}}$$

第二，净资产收益率，又称股东权益报酬率或净值报酬率等。该指标用来衡量公司运用自有资本的盈利能力。计算公式为：

$$净资产收益率 = \frac{净利润}{平均所有者权益}$$

其中，平均所有者权益 $= \dfrac{年初所有者权益 + 年末所有者权益}{2}$

增长率的计算公式为：

$$净资产收益率增长率_t = \frac{净资产收益率_t - 净资产收益率_{t-1}}{净资产收益率_{t-1}}$$

其中，下角标 $t$ 代表观测年份。

第三，营业收入。这是反映企业总收入情况的重要指标，是指企业在从事销售商品、提供劳务和让渡资产使用权等日常经营业务过程中所形成的经济利益的总流入。主营业务收入为主营业务收入与其他业务收入之和。主营业务收入的计算公式为：营业收入＝产品销售量（或服务量）×产品单价（或服务单价），其中企业的主副产品和所提供的不同类型服务收入都计入营业收入。营业收入的数据直接来源于国泰安数据库中上市公司财务数据部分，增长率的计算公式为：

$$营业收入增长率_t = \frac{营业收入_t - 营业收入_{t-1}}{营业收入_{t-1}}$$

其中，下角标 $t$ 代表观测年份。

第四，净利润。它是衡量一个企业经营效益的主要指标，是指在利润总额中按规定缴纳了所得税后公司的利润留成，一般也称为税后利润或净利润。净利润的数据直接来源于国泰安数据库中上市公司财务数据部分，计算公式为：

$$净利润 = 利润总额 - 所得税费用$$

增长率的形式为：

$$净利润增长率_t = \frac{净利润_t - 净利润_{t-1}}{净利润_{t-1}}$$

其中，下角标 $t$ 代表观测年份。

第五，所有者权益。它是反映公司经营的本质和目的的重要指标，是指企业资产扣除负债后由所有者享有的剩余权益。包括实收资本（或股本）、资本公积、盈余公积和未分配利润。所有者权益的数据直接来源于国泰安数据库中上市公司财务数据部分，增长率的计算公式为：

$$所有者权益增长率_t = \frac{所有者权益_t - 所有者权益_{t-1}}{所有者权益_{t-1}}$$

其中，下角标 $t$ 代表观测年份。

第六，总资产周转率。它是综合评价企业全部资产的经营质量和利用效率的重要指标。总资产周转率是指企业在一定时期业务收入净额同平均资产总额的比率。周转率越大，说明总资产周转越快，反映出销售能力越强。其计算公式为：

$$总资产周转率 = \frac{营业收入}{平均资产总额}$$

其中，$平均资产总额 = \dfrac{年初资产总额 + 年末资产总额}{2}$

增长率的计算公式为：

$$总资产周转率增长率_t = \frac{总资产周转率_t - 总资产周转率_{t-1}}{总资产周转率_{t-1}}$$

其中，下角标 $t$ 代表观测年份。

第七，固定资产周转率，也称固定资产利用率。它是反映企业资产利用程度的指标，是企业销售收入与固定资产净额的比率。计算公式为：

$$固定资产周转率 = \frac{营业收入}{平均固定资产净额}$$

其中，平均固定资产净额 $= \dfrac{年初固定资产净额 + 年末固定资产净额}{2}$

增长率的计算公式为：

$$固定资产周转率增长率_t = \frac{固定资产周转率_t - 固定资产周转率_{t-1}}{固定资产周转率_{t-1}}$$

其中，下角标 $t$ 代表观测年份。

### 5.2.2.2　主成分分析方法计算成长性得分

#### (1)　主成分分析方法简介

当某一变量的指标评价体系中的指标数量较多，指标间又具有一定的相关性时，就会增加分析问题的复杂程度。设法将原来的指标体系重新组合成一组新的、相互无关的几个综合指标，所提取出来的几个综合指标被称为主成分，这种将多个指标化为几个少数相互不相关的综合指标的统计方法称为主成分分析法[①]。主成分分析从本质上讲是一个多变量的降维过程，下面简单介绍其基本原理。

假设每个样本都设计 $p$ 个变量，分别用 $X_1$，$X_2$，$\cdots$，$X_p$ 表示，对 $X$ 进行线性变换，可以形成新的综合变量，用 $Y$ 表示。新的综合变量可以由原来的变量的线性组合表示：

$$\begin{cases} Y_1 = u_{11}X_1 + u_{12}X_2 + \cdots + u_{1p}X_p \\ Y_2 = u_{21}X_1 + u_{22}X_2 + \cdots + u_{2p}X_p \\ \quad \vdots \qquad \vdots \qquad \vdots \qquad \vdots \\ Y_p = u_{p1}X_1 + u_{p2}X_2 + \cdots + u_{pp}X_p \end{cases}$$

将这种线性变换约束在下面的原则之下：① $u_{i1}^2 + u_{i1}^2 + \cdots + u_{i1}^2 = 1$，$i = 1$，$2$，$\cdots$，$p$；② $Y_i$ 与 $Y_j$ 不相关，$i \neq j$；$i$，$j = 1$，$2$，$\cdots$，$p$；③ $Y_1$ 是 $X_1$，$X_2$，$\cdots$，$X_p$ 的一切满足原则"①"的线性组合中方差最大者，$Y_2$ 是与 $Y_1$ 不相关的 $X_1$，$X_2$，$\cdots$，$X_p$ 所有线性组合中方差最大者，$Y_1$，$\cdots$，

---

①　葛新权. 应用统计 Applied Statistics［M］. 北京：社会科学文献出版社，2006.

$Y_p$ 是与 $Y_1$，$Y_2$，…，$Y_{p-1}$ 都不相关的 $X_1$，$X_2$，…，$X_p$ 所有线性组合中方差最大者。这样基于上述三条原则决定的综合变量 $Y_1$，$Y_2$，…，$Y_p$，分别称为原始变量的第一，第二，…，第 $p$ 个主成分。

第 $i$ 个主成分的贡献率为：$\dfrac{\lambda_i}{\sum\limits_{i=1}^{p}\lambda_i}$，其中，$i=1$，2，…，$p$；$\lambda_i$ 为协方差矩阵的特征根。它是第 $i$ 个主成分的方差在总方差中所占的比例，该值越大，表明其解释原始变量 $X_1$，$X_1$，…，$X_p$ 信息的能力越强。但在解决实际问题时，一般不需要取 $p$ 个主成分，而是根据累计贡献率的大小取前 $k$ 个。

为了得到主成分的得分，需要进一步的因子分析。因子分析可以看作是主成分的推广和发展，它再现了提取的因子或主成分与原始变量的线性关系[①]，它在 SPSS 统计软件中的分析结果中被称为成分得分系数矩阵。通过它可以得到每个因子的得分，作为新的变量。最后以每个因子所对应的贡献率为权重进行手动的加权求和，即得到整个指标体系的综合分。

**(2) 成长性得分的计算**

本研究建立的企业成长性指标体系包含 7 个相互关联的变量，运用上述主成分分析法，并借助 SPSSv 21.0 的辅助计算，再现企业成长性综合得分计算的过程。需要指出的是，由于观测期间为 2012—2015 年，因此需分年度做 4 次的每一年的成长性得分，现仅以 2012 年为例加以说明。

首先对成长性指标体系中 7 个变量进行 Pearson 相关性检验，Pearson 相关性系数反映的是双变量间的线性相关程度，结果如表 5-1 所示。

表 5-1 中相关性检验结果显示，诸多变量存在着高度的相关性，如，净利润增长率与总资产收益增长率的相关系数达到 0.997，净资产收益增长率与总资产收益增长率的相关系数达到了 0.724，总资产周转率与营业收入增长率的相关系数达到了 0.835，说明了该指标体系做主成分分析的必要性。

---

① 赖国毅，陈超 . SPSS 17.0 中文版常用功能与应用实例精讲［M］. 北京：电子工业出版社，2010.

### 表 5-1　成长性指标体系的相关性检验

| | 营业总收入增长率 | 所有者权益增长率 | 净资产收益增长率 | 净利润增长率 | 总资产收益增长率 | 总资产周转率增长率 | 固定资产周转率增长率 |
|---|---|---|---|---|---|---|---|
| 营业总收入增长率 | 1 | | | | | | |
| 所有者权益增长率 | 0.311*** | 1 | | | | | |
| 净资产收益增长率 | 0.059 | 0.125*** | 1 | | | | |
| 净利润增长率 | 0.112* | 0.144*** | 0.723*** | 1 | | | |
| 总资产收益增长率 | 0.093** | 0.121*** | 0.724*** | 0.997*** | 1 | | |
| 总资产周转率增长率 | 0.835*** | −0.005 | 0.033 | 0.075 | 0.068 | 1 | |
| 固定资产周转率增长率 | 0.610*** | −0.024 | −0.002 | 0.029 | 0.027 | 0.696*** | 1 |

注：*：$P<0.1$；**：$P<0.05$；***：$P<0.01$（双尾检验）。

接下来使用 KOM（Kaiser-Meyer-Olkin）统计量和 Bartleet'S 球形检验来判定使用主成分分析的可行性。KOM 统计量取值在 0~1，取值越大说明变量之间的内在联系越强，用主成分分析的效果越好；Bartleet'S 球形检验用于检验相关矩阵是否是单位矩阵，如果结论不拒绝，则说明这些变量之间可能各自独立提供一些信息，不适宜做主成分分析。KOM（Kaiser-Meyer-Olkin）统计量和 Bartleet'S 球形检验结果如表 5-2 所示。

### 表 5-2　成长性指标的 KOM 统计量和 Bartleet'S 球形检验

| Kaiser-Meyer-Olkin 度量值 | | 0.617 |
|---|---|---|
| Bartlett 球形度检验 | 近似卡方 | 4 366.498 |
| | df | 21 |
| | Sig. | 0.000 |

结果显示，KOM 值为 0.617 可以做主成分分析，Bartleet'S 球形检验

的 $P$ 值为 $0.000$，拒绝原假设，说明指标体系的指标是能够共同反映一些信息的，可以做主成分分析。下面进行主主成分的提取，特征根及贡献率结果如表 $5-3$ 所示。

**表 $5-3$ 特征根及主成分贡献率**

| 成分 | 初始特征值 | | | 提取平方和载入 | | | 旋转平方和载入 | | |
| --- | --- | --- | --- | --- | --- | --- | --- | --- | --- |
| | 合计 | 方差（%） | 累积（%） | 合计 | 方差（%） | 累积（%） | 合计 | 方差（%） | 累积（%） |
| 1 | 2.781 | 39.728 | 39.728 | 2.781 | 39.728 | 39.728 | 2.646 | 37.805 | 37.805 |
| 2 | 2.338 | 33.397 | 73.125 | 2.338 | 33.397 | 73.125 | 2.305 | 32.928 | 70.733 |
| 3 | 1.041 | 14.871 | 87.996 | 1.041 | 14.871 | 87.996 | 1.055 | 15.071 | 85.803 |
| 4 | 0.374 | 5.337 | 93.333 | 0.374 | 5.337 | 93.333 | 0.527 | 7.530 | 93.333 |
| 5 | 0.358 | 5.119 | 98.452 | | | | | | |
| 6 | 0.106 | 1.512 | 99.964 | | | | | | |
| 7 | 0.003 | 0.036 | 100.000 | | | | | | |

为了更加全面地反映原始变量所反映的信息，提取了 4 个主成分，表 $5-3$ 第六列的结果显示方差的累计贡献率达到了 $93.33\%$，即指标体系中 7 个原始变量所提供的信息完全可以由这 4 个主成分来表达，表示为factor1、factor2、factor3、factor4。然后通过因子旋转，得到成分得分系数矩阵如表 $5-4$ 所示。

**表 $5-4$ 成分得分系数矩阵**

| | 主成分 | | | |
| --- | --- | --- | --- | --- |
| | 1 | 2 | 3 | 4 |
| 营业总收入增长率 | −0.027 | 0.517 | 0.115 | −0.532 |
| 所有者权益增长率 | −0.027 | −0.066 | 0.964 | 0.166 |
| 净资产收益（ROE）增长率 | 0.332 | −0.098 | 0.028 | 0.269 |
| 净利润增长率 | 0.368 | 0.027 | −0.053 | −0.116 |
| 总资产收益（ROA）增长率 | 0.371 | 0.019 | −0.073 | −0.099 |
| 总资产周转率增长率 | −0.010 | 0.533 | −0.220 | −0.451 |
| 固定资产周转率增长率 | 0.007 | 0.000 | 0.042 | 1.364 |

成分得分系数矩阵实际上给出了各主成分与原始变量的线性关系。如果将表 $5-4$ 中第一列的 7 个原始变量按由上至下分别定义为 $X_1$，$X_2$，…，

$X_7$，则根据得分系数矩阵，可以计算出每个样本的 4 个因子得分。以证券代码为 000 046 的企业样本为例，计算其 2012 年的因子得分，计算公式如下：

$$F_1 = -0.027X_1 - 0.027X_2 + 0.332X_3 + 0.368X_4 + 0.371X_5 - 0.01X_6 - 0.07X_7$$

式中的 $F_1$ 为 factor1 得分，$X_1$，$X_2$，…，$X_7$ 为证券代码为 000046 公司在 2012 年个原始变量的观测值，与之相乘的系数取自表 5 - 4 中的第二列的数值，同理得到该公司的其他三个因子得分 $F_2$、$F_3$、$F_4$。

最后为了得到企业成长性的综合得分，以各因子的方差贡献率为权重，即表 5 - 3 中的第 6 列的数值，进行加权求和，若用 $G$ 表示该公司的成长性得分，则 $G = 0.397F_1 + 0.334F_2 + 0.149F_3 + 0.053F_3$，同理得到其他样本公司在不同年度的企业成长性得分。

## 5.2.3　中介变量

中介变量的分析是发现自变量对因变量影响途径的有效方法。本研究将企业背景特征的资源效应对企业的行为结果的影响归结为规模扩张、范围拓展和效能折损效应。针对这三个中介效应，需选取能够体现各自效应的变量加以研究。在分析中介作用的时候，本研究采用逐步回归分析法（stepwise least squares regression，STEPLS）来解释各变量的中介作用，而没有将三个效应通过统计方法进行变量归一，目的是能更加清晰地分析出变量对各自中介效应贡献的大小，更能阐明企业背景特征对企业成长性的作用机理。

### 5.2.3.1　规模扩张效应的变量

企业在背景特征的资源效应作用下的规模扩张表现为融资缓解和投资增加，最终导致总资产的增加，同时必将导致雇用员工规模的扩大。以企业成长理论为依据，并借鉴于蔚（2013）的研究，结合研究需要，选取能够反映企业固定生产要素投入和可变生产要素投入的总资产增长率和雇员人数两个变量作为企业规模扩张效应的变量。

**(1) 总资产增长率，用 *Asset ＿ g* 表示**

又名总资产扩张率，是企业本年总资产增长额同年初资产总额的比率，反映企业本期资产规模的增长情况的重要指标。总资产增长率越高，表明企业一定时期内资产经营规模扩张的速度越快。计算公式为：

$$总资产额增长率_t = \frac{总资产额_t - 总资产额_{t-1}}{总资产额_{t-1}}$$

其中，下角标 $t$ 代表观测年份，总资产额$_{t-1}$ 为年初总资产额，总资产额 $t$ 为年末总资产额。

**（2）雇员规模，用 *Num* 表示**

指一个公司的员工总人数，是从人力资本方面反映了公司规模大小的直接指标。为了回归系数的平稳性，在保证不影响其他变量回归系数和显著性水平的前提下，本研究将样本上市公司公布的每年的员工人数进行了同时除以 1 000 的处理。

### 5.2.3.2　范围拓展效应的变量

企业背景特征的市场准入效应会导致企业突破行业壁垒，走上多元化发展的道路，最终实现其经营范围的扩展。借鉴邓新明（2011）对多元化战略的研究和于蔚（2016）对变量测度的研究，本研究将多元化和非相关多元化作为体现企业范围拓展效用的变量。

**（1）多元化，用 *Di* 表示**

指企业经营不只局限于一种产品或一个行业，而实行跨产品、跨行业的经营范围扩张。该变量的原始数据来源于国泰安数据库中企业经营范围的描述性资料和行业代码，此代码源于证监会在 2012 年制定的《上市公司行业分类指引》①，它将上市公司的经济活动分为门类、大类两个级别。与此对应，代码由一位字母和两位数字组成。门类代码用一位拉丁字母表示，即用字母 A，B，…，S 依次代表不同门类。大类代码用两位阿拉伯数字表示，从 01 开始按顺序依次编码，划分原则为当上市公司某类业务的营业收入比重大于或等于 50%，则将其划入该业务相对应的行业。如 A02 表示的行业类型为林业，其中门类代码 A 表示农、林、牧、渔，大类代码表示林业；又如 C13 表示的行业类型为农副食品加工，其中门类代码 C 表示制造业，大类代码表示农副食品加工。本研究对多元化经营的测量依据为，①对相邻年度行业代码进行比对，如果表示门类代码的拉

---

①　http://www.csrc.gov.cn（中国证券管理委员会官网）。

丁字母不同，则认定为公司存在多元化经营，赋值为 1；②对相邻年度行业代码进行比对，满足门类代码的拉丁字符相同，后两位数字代码发生变化，则认定为公司存在多元化经营，赋值为 1；③对于相邻年度三位行业代码均相同的企业进行进一步筛查，即对该类企业经营范围的描述性资料逐一排查，凡经营范围跨度涉及两个或两个以上行业编码后两位不同的公司，也认定存在多元化经营，赋值为 1；④当条件"①""②"和"③"都不满足时，赋值为 0。

**（2）非相关多元化，用 *Du* 表示**

它是进一步反映企业跨产品或跨行业经营程度的指标。多元化经营可分为相关多元和非相关多元化，如果将非相关多元化经营的企业样本和多元化经营的样本都定义为一个集合，则非相关多元化经营一定是多元化经营的子集。本研究对多元化经营的测量依据为：①对相邻年度行业代码进行比对，只要代码的第一位门类代码的字母发生变化，则认定为公司存在非相关多元化经营，对后年度赋值为 1。②对不满足条件"①"，即相邻年度第一位门类代码的字母未发生变化的企业进一步考察。同样根据企业经营范围的描述性资料进行逐一考察，研究发现有些企业虽然门类相同，但涉及的核心制造技术和能力差异较大也定义为非相关多元化经营，也赋值为 1。如：杉杉股份（600884），经营范围涉及纺织品制造（C18）与锂电池制造（C41），由此认定为非相关多元化，赋值为 1。③当条件"①"和条件"②"都不满足时，赋值为 0。

### 5.2.3.3 效能折损效应的变量

企业背景特征的"掠夺"效应，体现为政府对政治租金的索取，这种索取的目的有时是出于政治目的，比如经济增长目标的实现、就业率的上升的等；有时是出于个别政府官员物质利益的索取。但无论目的如何，都会导致企业的寻租成本的上升、政策性负担加重和创新能力的减损。借鉴冯延超（2011）对企业背景特征成本的研究和于蔚（2016）对企业创新投入的衡量，结合本研究需要，将企业的非生产性支出、综合赋税率、创新能力减损作为体现效能折损效应的变量。

**（1）非生产性支出，用 *Expen* 表示**

非生产性支出是指与生产成本没有直接关系的支出。一般包括管理费

用、销售费用、营业外支出等。企业非生产性支出可视为除企业正常生产
经营所面临的交易成本之外的所有非生产性成本。企业的政治寻租成本作
为重要的外部交易成本，其物化的形式往往具有隐蔽性，通常藏身于此，
因此本研究将其作为企业效能折损的变量。将非生产性支出除以营业收入
进行标准化处理后，其计算公式为：

$$非生产性支出 = \frac{销售费用 + 管理费用 + 营业外支出}{营业收入}$$

**（2）创新能力弱化，用 *Rd* 表示**

这是反映企业在创新投入方面减少情况的指标。鞠晓生等（2013）以
无形资产增量反映企业创新活动投入[①]，本研究在援引其观点的基础上进
行了修正。由于创新能力减损是反映效能折损的变量，从经验证据来看，
需要的是能够对企业成长产生不利影响的指标，因此将无形资产增量修正
为无形资产减少量，用第 $t-1$ 年的无形资产额减去 $t$ 年的无形资产。计算
公式如下：

$$创新能力弱化 = \frac{无形资产额_{t-1} - 无形资产额_t}{营业收入}$$

## 5.2.4　控制变量

控制变量法最早是用于物理学实验中的重要方法，如今延伸到统计中
得到了广泛的应用。控制变量本质上讲也是一种自变量，而且是对因变量
具有显著影响的自变量，如果加入所有的控制变量后，新加入的自变量仍
然显著。说明，除去原来已经被确定对因变量有影响的控制变量后，新加
入的自变量又是一个影响因变量的重要因素，因此，从用途上看，控制变
量法是用于发现新增变量的有效方法，能够反映新增变量对因变量影响的
真实因果联系。

本研究为了得到企业背景特征对企业成长性的影响结果，须将影响企
业成长性的其他因素加以控制，才能得到让人信服的结论。参照章细贞
（2015）、于蔚（2013，2016）、冯延超（2011）等人关于企业绩效和成长

---

① 鞠晓生．中国上市企业创新投资的融资来源与平滑机制［J］．世界经济，2013（4）：138-
159.

性控制变量选取方法，结合本研究需要，选取资本结构、企业规模、股权集中度、企业年龄、资本密集度和行业类型哑变量作为控制变量。具体测量方法如下：

**（1）企业规模，用 *Size* 来表示**

它是反映企业生产和经营规模大小的指标。由于企业规模是影响企业诸多方面的重要因素，如高管背景、组织结构、费用支出和绩效水平等，因此，在实证研究中经常作为控制变量被使用。现有文献体现企业规模的变量一般来说主要用企业的总销售额、员工的人数或总资产额等来衡量。本研究选择公司总资产的自然对数来衡量企业规模。

**（2）企业年龄，用 *Age* 来表示**

指公司自成立的年份到观测年份的跨度。公司成立的时间越久，治理结构和制度越完善，综合协调能力越强，其在规模扩展、多元化经营、创新能力及成长性等方面，可能会随企业年龄的增长产生一些规律性变化的趋势，故将其作为控制变量。

**（3）资本结构，用 *Cs* 来表示**

指企业各种资本的价值构成及其比例关系，是企业一定时期筹资组合的结果。本研究用资产负债率的高低代表企业的资本结构，它是负债总额与资产总额的比例关系，反映债权人所提供的资本占全部资本的比例，也被称为举债经营比率。一般来说，企业负债经营的收益至少要高于作为债务人所要支付的利息费用时，这种负债融资行为才是可取的。因此，本研究用资产负债率来控制财务杠杆效应。计算公式为：

$$资产负债率 = \frac{总负债}{总资产}$$

**（4）资本密集度，用 *Ci* 来表示**

它是体现企业生产模式和类型的指标。由于不同生产模式与类型对企业在融资、经营风险、生产效率提升空间和利润水平等诸多方面具有较大差异，故本研究用资本密集度控制对中介变量和因变量的影响。资本密集度存在着人力资本密集度和物质资本密集度之分，其计算方法又分为存量法和流量法。本研究用存量法来计算物质资本密集度。计算公式为：

$$资本密集度 = \frac{固定资产净值}{员工数之比}$$

为保证回归系数平稳性，在不影响其他变量回归系数和显著性水平的前提下，进行了除以 100 000 的线性变换处理。

**(5) 股权集中度，用 *Ower* 来表示**

它是反映企业的股权结构的指标之一，体现了企业股权的分散或集中程度。股权集中度的直接影响表现为股份制公司的管理决策效率高低。一般来说，如果股权集中度较高，则说明公司的少数大股东掌握了公司的实际控制和决策权，决策效率较高；如果股权集中度为分散，各股东的"话语权"较为均衡，可能决策效率较低。这种决策效率的不同，长期看来会影响企业应变能力和灵活性，进而对企业的发展产生影响。因此，本研究用股权集中度控制表示对中介变量和企业成长性的影响。对股权集中度的衡量为前 10 位大股东持股比例之和。

**(6) 行业类型，用 *Type* 来表示**

对行业类型的关注源于战略管理领域长期以来对产业组织模型和资源基础理论模型的争论。如果不控制行业影响，常会得出令人误解的描述，进而产生似是而非的结论，可见其在战略管理中的重要性。本研究对样本的行业类型分组信息进行了考察，在全部的 2 112 个样本中，制造业公司样本数达到了 1 652 个，占到了全部样本总数的 78.22%[①]。由此将是否为制造业作为行业类型的测量依据，当样本公司的行业类型属于制造业时，赋值为 1；不属于制造业时，赋值为 0。

## 5.2.5 变量测度小结

综上所述，变量设置及指标选择整理如表 5-5 所示。

**表 5-5 变量测量汇总**

| 类别 | 名称 | 字母标识 | 度量方法 |
|------|------|----------|----------|
| 自变量 | 企业背景特征 | *Pol* | ①公司实际控制人或董事长或总经理具有中央级政府工作经验，赋值 2；<br>②公司实际控制人或董事长或总经理具有地方级政府工作经验，赋值 1； |

---

① 本书第 6 章表 6-1。

（续）

| 类别 | 名称 | 字母标识 | 度量方法 |
|------|------|----------|----------|
| 自变量 | 企业背景特征 | $Pol$ | ③公司实际控制人或董事长或总经理无政府工作经验，赋值 0 |
| 因变量 | 成长性得分 | $Grow$ | 通过主成分分析法得到综合得分 |
| 中介效应（一） | 总资产增长率 | $Asset\_g$ | （总资产额$_t$－总资产额$_{t-1}$）/总资产额$_{t-1}$ |
| 中介效应（一） | 雇员规模 | $Num$ | 员工总人数/1 000 |
| 中介效应（二） | 多元化 | $Di$ | 存在多元化经营赋值 1；不存在多元化经营赋值 0 |
| 中介效应（二） | 非相关多元化 | $Du$ | 存在非相关多元化经营赋值 1；不存在非相关多元化经营赋值 0 |
| 中介效应（三） | 非生产性支出 | $Expen$ | （销售费用＋管理费用＋营业外支出）/营业收入 |
| 中介效应（三） | 创新能力减损 | $Rd$ | （无形资产净额$_{t-1}$－无形资产净额$_t$）/营业收入 |
| 控制变量 | 企业规模 | $Size$ | 总资产额的自然对数 |
| 控制变量 | 企业年龄 | $Age$ | 公司自成立的年份到观测年份的跨度（年） |
| 控制变量 | 资本结构 | $Cs$ | 总负债/总资产 |
| 控制变量 | 股权集中度 | $Ower$ | 前 10 位大股东持股比例之和 |
| 控制变量 | 资本密集度 | $Ci$ | （固定资产净值/员工数之比）/100 000 |
| 控制变量 | 行业哑变量 | $Type$ | 制造业赋值 1；非制造业赋值 0 |

## 5.3 数据分析方法

本研究的数据库结构是一个包含变量、时间和样本的三维面板数据结构，含有 21 个变量 528 个样本，5 年时间跨度。数据的筛选运用 Excel 2007 加以辅助处理，运用 SPSS 21 进行统计性描述和相关性分析，应用 Eviews 8.0 进行面板数据的回归与检验。

### 5.3.1 筛选与数据处理

本研究的原始数据来自民营上市公司公开披露的数据，主要取自国泰安数据库和锐思数据库，相比于其他渠道的数据获取方法，所得数据较为真实与客观，这种方法也较为广泛地应用于企业微观管理方面的实证研究。

样本的筛选与数据处理由于工作量巨大，需通过 Excel 软件辅助完成。在样本的筛选和数据的处理过程中，使用了大量的 Excel 编程，包括 Excel 的高级筛选功能的运用、列对比后的自动标注、字段之间的自动合并，列数据转换成矩阵，矩阵转换成列数据，自动查找字段重复次数剔除重复数据等多种函数的交叉使用。

## 5.3.2　统计性分析

本研究的统计性分析主要应用 SPSS 21 辅助完成。包括：样本分布特征的描述；全样本的描述性统计分析；分组样本的均值差异分析；企业成长性评价指标体系的主成分分析；变量的相关性分析。

本研究的样本分布特征描述从两个角度进行：一是对整个样本根据"是否存在企业背景特征"进行分组，用以考察民营上市公司中具有背景特征的企业的占比情况，以反映背景特征在民营企业中的发展现状；二是对整个样本按照行业类型进行分类，以反映样本的行业分布情况。

变量的描述性统计分析，主要是对样本企业的观测变量值进行最大值、最小值、平均值和标准差的简单描述性统计，这样可以较为直观地观测到各个变量样本值的分布情况和离散程度。

分组样本的均值差异分析，主要是对所有的中介变量和因变量进行了的针对企业背景特征分组均值的独立样本均值的 T 检验，以初步考察具有背景特征的企业和无背景特征企业的成长性得分的均值是否具有显著性差异，为接下来的回归与假设检验提供初步的依据。

企业成长性评价指标体系的主成分分析。一般来说，多指标评价体系中的变量往往具有较强的相关性，因此首先需要进行降维处理，即通过正交变换将企业成长性评价指标体系中的多个可能存在相关性的变量转换为一组线性不相关的变量，转换后的这几个少数变量叫作主成分。然后，通过各主成分的得分矩阵和各主成分的方差贡献率计算出企业成长性的综合得分。

### 5.3.3 回归方法的选择

回归分析与假设检验是本研究的最核心的部分。首先，采用多元线性回归的方法建立回归方程，然后选择最适合的基于面板数据的回归模型进行回归与假设检验，本研究的回归与假设检验应用 Eviews 8.0 的辅助运算完成。

多元线性回归是在实证研究中用于分析多变量之间因果关系的常用方法。在实际的统计分析问题中，由于研究中影响因变量的因素往往是很复杂的，与因变量存在因果联系的变量中，不仅包括研究中新增的自变量，可能还存在着其他多种影响因素。为此，要将其他影响因素剔除后，才能求证新增自变量与因变量的真实因果联系，这是简单的一元回归方法所解决不了的，而多元线性回归在这种情况下就体现出其适用性和优势，被普遍用于此类研究。回归参数的估计方法多采用普通最小二乘法（OLS），但由于普通最小二乘法具有严格的假定条件，实际数据结构很难完全符合，本研究针对线性回归中常见的样本数据的异方差问题、变量之间多重共线性问题进行了关注，使用加权最小二乘法（WLS）规避数据的异方差问题，使用逐步回归法和差分法解决变量之间的多重共线性问题。

特别需要指出的是，在检验范围拓展效应的中介作用时，需要自变量对中介变量做回归分析，此时的中介变量就被视为因变量，由于范围拓展效应的变量是取值为 0 或 1 的虚拟变量，故采用适用于因变量为虚拟变量的 Logistic 的二元选择模型进行面板数据的回归。除了范围拓展的两个变量以外，其他中介变量作为因变量时均为连续型变量，其回归均采用多元线性回归。

本研究变量的数据为面板数据，时间维度为 4 年，每一年的企业样本数均为 528 个，属于"窄而长"的数据结构。这种情况下，由于面板数据结构的特殊性，需对回归模型加以选择，即从混合回归模型、固定效应的变截距模型、随机效应的变截距模型中确定本研究适用的模型类型。需要经过以下步骤进行模型的选择：首先，需要在"固定效应的变截距模型"和"随机效应的变截距模型"中选择，方法是通过霍斯曼（Hausman）检验的统计量的 $P$ 值加以判别，如果得到的统计量的 $P$ 值大于研究所设定的最低显著性水平，则接收原假设，建立"随机效应模型"；如果得到的统计量的 $P$ 值小于研究所设定的最低显著性水平，则拒绝原假设，建立"固定效应模型"。其次，需要在"混合回归模型"和"固定效应的变截距模型"中进行选择，选择的依据为构建的统计量 $F$，选择的标准为：当 $F$ 统计量大于给定显著水平条件下的 $F_\alpha$ 值时，回归模型采用"固定效应的变截距模型"，否则选择"混合回归模型"。

# 第 *6* 章　数据分析与假设检验

本章是实证研究的核心部分，首先对样本特征进行了分析；然后对变量进行了描述性统计和相关性分析；最后，运用基于面板数据的多元线性回归和个别变量之间的 logistic 回归模型，对前文所提出的假设进行了逐一检验。

## 6.1　样本特征

本研究选取实际控制人为自然人或家族，在 2011—2015 年持续经营的沪深民营上市公司为原始样本，剔除在观察期内被监管机构 ST、SST、* ST 及数据不全的企业后，剩余的 528 家公司为最终样本。其中企业背景特征的观测年份为 2011—2014 年四个年度，考虑到企业背景特征对其他变量影响的滞后性，其他变量的观测年份为 2012—2015 年四个年度，因此样本总数皆为 2 112 个。

本研究对总样本进行了基于有无背景特征和行业类型两个角度的分组观察。背景特征的分组不考虑其层级性，只分为有背景特征和无背景特征两种情况；行业类型的分组参照证监会 2012 年制定的《上市公司行业分类指引》进行，其样本总体特征与行业分布概况如表 6 - 1 所示。

**表 6 - 1　样本总体特征与行业分布**

| | 分组原则 | 样本数（个） | 占比（%） |
|---|---|---|---|
| 有无背景特征 | 有背景特征 | 1 174 | 55.59 |
| | 无背景特征 | 938 | 44.41 |
| | 合计 | 2 112 | 100 |
| 行业类型 | A. 农、林、牧、渔业 | 40 | 1.89 |
| | B. 采矿业 | 24 | 1.14 |

（续）

| 分组原则 | | 样本数（个） | 占比（%） |
|---|---|---|---|
| | C. 制造业 | 1 652 | 78.22 |
| | D. 电力、热力、燃气及水生产和供应业 | 9 | 0.43 |
| | E. 建筑业 | 58 | 2.75 |
| | F. 批发和零售业 | 77 | 3.65 |
| | G. 交通运输、仓储和邮政业 | 13 | 0.62 |
| | I. 信息传输、软件和信息技术服务业 | 127 | 6.01 |
| 行业类型 | K. 房地产业 | 75 | 3.55 |
| | L. 租赁和商务服务业 | 9 | 0.43 |
| | M. 科学研究和技术服务业 | 12 | 0.57 |
| | N. 水利、环境和公共设施管理业 | 4 | 0.19 |
| | R. 文化、体育和娱乐业 | 3 | 0.14 |
| | S. 综合 | 9 | 0.43 |
| | 合计 | 2 112 | 100 |

结果显示，在全部的 2 112 个样本中，具有背景特征企业的数量为 1 174，占全部样本总数的 55.59%。说明背景特征在民营上市公司是客观存在的，并具有一定普遍性。民营企业通过与政府建立关联来获得政治资源，服务于企业的经营目标，反映了其对政府关系重视和某种期待，也体现了中国制度转型期的特征。从行业类型的分组来看，制造业企业为 1 652 家，占据总样本的 78.22%，与其他行业的所占比例相比制造业企业比例遥遥领先。制造业作为实体经济的代表，往往需通过规模经济性来降低企业成本，庞大的企业规模需要新增投资，上市融资是其缓解融资约束的有效方式。样本中信息传输、软件和信息技术服务业的企业有 127 家，占总样本的 6.01%，排名第二，这反映了随着互联网技术的不断发展，信息技术产业的发展方兴未艾，特别是在产品的销售渠道方面对实体经济产生了不小的冲击，但一个经济体经济增长的引擎终究是为以制造业为主体的实体经济，无法动摇其统治地位，这一观点在样本的行业分布情况中得到了充分的验证。

## 6.2 变量的描述性统计与相关性分析

### 6.2.1 变量描述性统计

  本研究对全部变量的统计性描述，包括极小值、极大值、均值、标准差。变量名称用第五章定义的英文字母表示，其中为了观测直观，雇员规模（Num）未做除以1 000的处理，只在回归与假设检验时，为了回归系数的平稳性进行了除以1 000的线性变换处理。同时对分组变量的均值进行了独立样本的T检验，用来观测变量之间的组间差异。分组的依据为只看企业是否存在背景特征，只分为有关联和无关联两组，这与背景特征作为自变量时的取值是不同的。变量的统计性描述和组间差异检验如表6-2所示。

表6-2 变量的统计性描述和组间差异检验

| 变量 | 极小值 | 极大值 | 均值 | 标准差 | 背景特征企业 | 无背景特征企业 | 组间差异 |
|---|---|---|---|---|---|---|---|
| Pol | 0.000 0 | 1.000 0 | 0.555 9 | 0.497 0 | — | — | — |
| Gorw | −9.394 0 | 7.068 7 | 0.000 0 | 0.527 0 | −0.018 2 | 0.022 8 | −0.041 0* |
| Asset_g | −0.596 7 | 74.557 1 | 0.270 2 | 1.823 5 | 0.329 3 | 0.196 4 | 0.132 9* |
| Num | 78.000 0 | 84 622.000 0 | 3 764.819 6 | 6 527.280 3 | 3 927.172 9 | 3 561.618 3 | 365.554 6 |
| Di | 0.000 0 | 1.000 0 | 0.309 7 | 0.462 5 | 0.308 3 | 0.311 3 | −0.003 0 |
| Du | 0.000 0 | 1.000 0 | 0.152 5 | 0.359 6 | 0.154 2 | 0.150 3 | 0.003 9 |
| Expen | 0.002 2 | 2.515 3 | 0.186 9 | 0.153 0 | 0.175 5 | 0.201 1 | −0.025 6*** |
| Rd | −2.120 1 | 0.741 4 | −0.017 0 | 0.077 9 | −0.016 4 | −0.017 7 | 0.001 3 |
| Cs | 0.024 6 | 0.952 5 | 0.392 4 | 0.191 9 | 0.401 5 | 0.381 6 | 0.019 4** |
| Size | 19.189 3 | 25.850 9 | 21.873 7 | 0.976 2 | 21.945 0 | 21.784 5 | 0.160 5*** |
| Age | 3.000 0 | 31.000 0 | 13.085 2 | 5.104 3 | 13.238 5 | 12.893 4 | 0.345 1 |
| Ower | 0.114 4 | 0.943 5 | 0.564 9 | 0.151 5 | 0.563 9 | 0.566 2 | −0.002 2 |
| Ci | 0.025 9 | 59.199 3 | 3.649 7 | 4.143 1 | 3.801 1 | 3.460 3 | 0.340 8* |
| Type | 0.000 0 | 1.000 0 | 0.782 2 | 0.412 9 | 0.820 5 | 0.734 5 | 0.085 7*** |

  注：*：P<0.1；**：P<0.05；***：P<0.01（双尾检验）。

表中的 2~5 列分别给出了各变量的统计性指标，6 列和 7 列分别表示背景特征企业和无背景特征企业的变量均值，第 8 列为两组均值之差。其中按是否存在背景特征分组后，变量企业成长性得分（*Grow*）通过了 10% 的显著性检验，说明了两组样本企业成长性得分的均值存在显著性差异，企业背景特征作为自变量影响其成长性的研究假设得到初步认证，但有待进一步考察。另外，总资产增长率、非生产性支出、资本结构、企业规模、资本密集度和用来区分是否为制造业的行业类型变量均通过了显著性检验。需要注意的是反映企业范围拓展的两个变量未通过显著性检验，原因可能为这两个变量都为取值为 0 或 1 的虚拟变量，导致均值差异较小，需要在接下来的分析中进一步观察。

## 6.2.2　相关性分析

在进行假设检验之前，本研究对所有变量进行了简单相关分析。简单相关分析又称为双变量相关分析，主要用于进行两个或多个变量之间的相关分析，由于本研究变量多为连续性定距变量，只有少数定类变量，故采用 Pearson 相关系数来反映两变量的关系程度，用 $r$ 表示。当 $0.8 \leqslant |r| < 1$ 时，两变量主体之间呈高度线性正（负）相关；当 $0.3 < |r| < 0.8$ 时，两变量主体之间呈中度线性正（负）相关；当 $|r| < 0.3$ 时，两变量主体之间呈轻度线性正（负）相关[1]。一般来讲，如果变量值间的 PEARSON 相关达到 0.75 以上，就存在多重共线性的可能[2]。

本研究的相关分析结果如表 6-3 所示。结果显示，相关系系数的最大值为 0.633，最小值为 -0.001 6，多数相关系数的绝对值在 0.05~0.2，初步判定出现多重共线的可能性较小，变量选取基本合理，但简单相关分析不能全面反映变量间的相互关系，需通过进一步多元回归与假设检验加以论证。

---

[1] 赖国毅，陈超. SPSS 17.0 中文版常用功能与应用实例精讲 [M]. 北京：电子工业出版社，2010.

[2] 吴明隆. SPSS 统计应用实务：问卷分析与应用统计 [M]. 北京：科学出版社，2003.

表 6 - 3　变量之间的 Pearson 相关系数

| | Pol | Grow | Asset_g | Num | Di | Du | Expen | Rd | Cs | Size | Age | Over | Ci | Type |
|---|---|---|---|---|---|---|---|---|---|---|---|---|---|---|
| Pol | 1.000 0 | | | | | | | | | | | | | |
| Grow | −0.038 7* | 1.000 0 | | | | | | | | | | | | |
| Asset_g | 0.036 2* | 0.428*** | 1.000 0 | | | | | | | | | | | |
| Num | 0.027 8 | 0.017 2 | 0.017 4 | 1.000 0 | | | | | | | | | | |
| Di | −0.003 2 | −0.012 6 | 0.021 9 | −0.017 6 | 1.000 0 | | | | | | | | | |
| Du | 0.005 3 | 0.008 3 | 0.039 2* | −0.012 8 | 0.633*** | 1.000 0 | | | | | | | | |
| Expen | −0.083*** | −0.078*** | −0.021 2 | −0.044** | −0.018 6 | 0.016 0 | 1.000 0 | | | | | | | |
| Rd | 0.008 0 | −0.139*** | −0.052** | −0.001 6 | −0.026** | −0.049** | −0.002 5 | 1.000 0 | | | | | | |
| Cs | 0.050** | 0.030 6 | 0.052** | 0.248*** | 0.211*** | 0.137*** | −0.334*** | −0.004 6 | 1.000 0 | | | | | |
| Size | 0.082* | 0.095*** | 0.113*** | 0.495*** | 0.116*** | 0.111*** | −0.254*** | −0.069*** | 0.579*** | 1.000 0 | | | | |
| Age | 0.033 6 | 0.030 8 | 0.009 9 | 0.052* | 0.140*** | 0.191*** | 0.078*** | −0.011 2 | 0.122*** | 0.179*** | 1.000 0 | | | |
| Over | −0.007 3 | 0.096*** | 0.083*** | 0.036 9* | −0.100*** | −0.109*** | −0.065*** | −0.060*** | −0.062*** | 0.060*** | −0.300*** | 1.000 0 | | |
| Ci | 0.040 9* | −0.036 1* | −0.017 3 | −0.130*** | 0.070** | 0.072** | −0.175*** | −0.053** | 0.103** | 0.160** | 0.042 1* | −.077*** | 1.000 0 | |
| Type | 0.103*** | −0.046** | −0.043 | −0.011 8 | −0.197*** | −0.146*** | −0.102*** | 0.028 7 | −0.169*** | −0.157*** | −0.111*** | 0.031 6 | 0.010 2 | 1.000 0 |

注：*：$P<0.1$；**：$P<0.05$；***：$P<0.01$（双尾检验）。

## 6.3　多元回归结果与假设检验

本研究主要采用面板数据多元线性回归的方法实现对前文假设的检验。对于因变量是连续变量的回归路线，采用加权最小二乘法进行回归；对于因变量取值为 0 或 1 形式的虚拟变量的回归路线，采用离散因变量的 Logistic 二元选择模型。本研究用六个控制变量来控制自变量对因变量的影响，在每条回归路线进行回归之前，先对控制变量进行分析，剔除出显著性较低的控制变量，保证分析结果的科学性。

### 6.3.1　企业背景特征对企业成长性的影响

企业背景特征对企业成长性直接影响作用的分析，是对提出的假设 Ha 和假设 Ha′ 的检验。本研究的数据结构为面板数据，其特点是包含了时间、样本和变量三个维度的数据池，面板数据的回归与单一的截面数据回归和时间数据回归相比，能够在一定程度上减少模型在设定和估计方面的误差，具有一定的优势，因此计量经济学中的面板数据模型在目前的经济分析中称为仅次于经典单方程模型且被广泛采用的模型类型[①]。在进行正式的回归与假设检验之前，对模型的分类与选择进行简单介绍。

#### 6.3.1.1　模型的分类及选择

在进行回归与假设检验之前，需要对面板数据的回归模型加以选择，以保证回归模型的适用性和科学性。

**(1) 模型的分类**

面板数据模型的一般形式为：

$$y_{it} = \alpha_i + x_{it}\beta_i + u_{it}, \quad i = 1, \cdots, n, \quad t = 1, \cdots, T$$

其中 $X_{it}$ 为 $1 \times K$ 向量，$\beta_i$ 为 $1 \times K$ 向量，$K$ 为因变量的数目，$u_{it}$ 为误差项，$n$ 为样本的数目，$T$ 为时期数目。根据 $\alpha$ 和 $\beta$ 的形式有如下三种情况：

情形一：$\alpha_i = \alpha_j$，$\beta_i = \beta_j$。

① 李子奈，潘文卿. 计量经济学. ［M］. 3 版. 北京：高等教育出版社，2010.

这种情况认为在截面上无个体影响，也无结构变化，相当于多个时期的截面数据放在一起做样本数据进行回归，用普通最小二乘法估计参数 $\alpha$ 和 $\beta$，又被称为混合模型。

情形二：$\alpha_i \neq \alpha_j$，$\beta_i = \beta_j$。

这种情况认为在截面上的个体影响不同，个体影响表现为模型中被忽略的反映个体差异的变量的影响，称为变截距模型（panel data model with variable intercept）。此时如果横截面的个体影响可以用常数项 $\alpha_i$ 的差别来说明，这样 $\alpha_i$ 是待估的未知的参数，称为固定影响（fixed-effect）变截距模型；如果横截面的个体影响可以用不变的常数项的变化的随机项之和 $\alpha_0 + v_i$ 的差别来说明，则称为随机影响（random-effect）变截距模型。

情形三：$\alpha_i \neq \alpha_j$，$\beta_i \neq \beta_j$。

这种情况认为除存在个体影响外，在横截面上还存在变化的经济结构，因此结构参数在不同的横截面单位上是不同的，称为变系数模型（panel data model with variable coefficient），也用于分析固定影响和随机影响两种情况。

**（2）模型的选择**

本研究的面板数据是横截面单位较多而时期较少的数据，这样主要集中于横截面的变化和异方差的处理，而且上述情形三的变系数模型也不适用于本研究的数据结构特点和研究目的。因此，本研究主要在上述情况一和情况二所提及的混合模型、固定影响变截距和随机影响变截距三种模型中进行选择。模型的选择分两步进行：

第一步：构建 F 统计量检验是建立混合回归模型还是个体固定效应回归模型。

首先建立混合模型做回归分析，在结果中记录下残差的平方和，记为 $S_1$，并计算其自由度 $U_1 = NT - (K+1)$；然后建立固定影响变截距模型做回归分析，在结果中记录下残差的平方和，记为 $S_2$，并计算其自由度 $U_2 = N(T-1) - K$；最后构建统计量 $F$。

$$F = \frac{\dfrac{S_1 - S_2}{U_1 - U_2}}{\dfrac{S_2}{U_2}} = \frac{\dfrac{S_1 - S_2}{N-1}}{\dfrac{S_2}{NT - N - K}}$$

然后将得到的统计量 $F$ 与 $F_{0.1}$（$N-1$，$NT-N-K$）的查表值进行比对，其中 0.1 为本研究设定的显著性水平。

若 $F > F_{0.1}(N-1$，$NT-N-K)$，则拒绝原假设，建立固定影响模型；若 $F < F_{0.1}(N-1$，$NT-N-K)$，则接收原假设，建立混合模型。

第二步：用 Hausman 检验是建立随机影响变截距模型还是建立固定影响变截距模型。

建立随机影响变截距模型做回归分析。然后对模型进行 Hausman 检验，观察检验结果统计量对应的 $P$ 值。若 $P$ 值大于本研究设定的显著性水平 0.1，则接收原假设，建立随机影响变截距模型；若 $P$ 值小于显著性水平 0.1 则，拒绝原假设，建立固定影响变截距模型。

### 6.3.1.2 企业背景特征与企业成长性的回归与假设检验

根据上述过程，分别构建企业背景特征对企业成长影响的混合模型、固定影响变截距模型和随机影响变截距模型，并分别用 ME、FE、RE 来表示，回归方程表示如下。

模型一：混合模型（ME）。

$Grow_{it} = \alpha + \beta_0 Pol_{it} + \beta_1 Size_{it} + \beta_2 Age_{it} + \beta_3 Cs_{it} + \beta_4 Ci_{it} + \beta_5 Ower_{it} + \beta_6 Type_{it} + u_{it}$，其中，$i = 1$，…，$n$，$t = 1$，…，$T$；$n$ 为样本的数目，$T$ 为时期数目，$u_{it}$ 为误差项。

模型二：固定影响变截距模型（FE）。

$Grow_{it} = m + \alpha_i^* + \beta_0 Pol_{it} + \beta_1 Size_{it} + \beta_2 Age_{it} + \beta_3 Cs_{it} + \beta_4 Ci_{it} + \beta_5 Ower_{it} + \beta_6 Type_{it} + u_{it}$，其中，$i = 1$，…，$n$，$t = 1$，…，$T$；$n$ 为样本的数目，$T$ 为时期数目，$m$ 表示个截面成员在方程中都相等的总体均值截距项，$\alpha_i^*$ 表示截面对总体均值偏离的截面截距项，$u_{it}$ 为误差项。

模型三：随机影响变截距模型（RE）。

$Grow_{it} = \alpha_0 + v_i + \beta_0 Pol_{it} + \beta_1 Size_{it} + \beta_2 Age_{it} + \beta_3 Cs_{it} + \beta_4 Ci_{it} + \beta_5 Ower_{it} + \beta_6 Type_{it} + u_{it}$，其中，$i = 1$，…，$n$，$t = 1$，…，$T$；$n$ 为样本的数目，$T$ 为时期数目，$\alpha_0$ 表示截距中的常数项部分，$v_i$ 表示截距中的随机变量部分，$u_{it}$ 为误差项。

需要强调的是，在对上述三个方程做回归之前，先做控制变量的回归，在剔除不显著的控制变量后，再加入自变量 $Pol$ 做回归分析，因此上述回归方程中的 6 个控制变量可能在最终回归中不能全部出现。考虑到变量的异方差问题，回归方法选用加权最小二乘法，回归结果如表 6-4 所示。

表 6-4　企业背景特征对企业成长性影响的回归结果

| | 模型一（ME） | | 模型二（FE） | | 模型三（RE） | |
|---|---|---|---|---|---|---|
| Pol | | −0.030 5 *** | | −0.690 2 *** | | −0.044 4 ** |
| | | （−8.052 9） | | （−9.031 8） | | （−2.465 7） |
| Size | 0.028 3 *** | 0.031 1 *** | 0.200 7 *** | 0.211 8 *** | 0.054 6 *** | 0.053 6 *** |
| | （7.909 4） | （8.811 5） | （13.421） | （13.704 8） | （3.691） | （4.380 8） |
| Age | 0.001 6 *** | 0.001 8 *** | −0.023 4 *** | −0.023 7 *** | 0.004 6 * | 0.005 4 ** |
| | （2.837 7） | （3.292 6） | （−8.466 9） | （−8.612 1） | （1.934） | （2.230 4） |
| Cs | −0.062 7 *** | −0.059 9 *** | 0.130 9 *** | 0.149 7 *** | −0.072 4 | |
| | （−4.182 2） | （−4.097 3） | （3.336 3） | （3.741 6） | （−0.985 7） | |
| Ci | −0.004 5 *** | −0.003 2 *** | −0.006 8 *** | −0.007 1 *** | −0.005 6 ** | −0.005 4 * |
| | （−5.385 4） | （−4.161 4） | （−3.885 3） | （−4.063 7） | （−1.995 1） | （−1.952 6） |
| Ower | 0.202 3 *** | 0.206 1 *** | 0.895 1 *** | 0.900 6 *** | 0.360 1 *** | 0.371 6 *** |
| | （10.567 1） | （11.260 9） | （22.621 2） | （22.147） | （4.497 7） | （4.681 9） |
| Type | −0.025 2 *** | −0.025 3 *** | 0.040 6 | | −0.042 | |
| | （−3.670 6） | （−4.010 4） | （0.526 7） | | （−1.487 7） | |
| $R^2$ | 0.100 3 | 0.114 7 | 0.454 7 | 0.591 607 | 0.022 9 | 0.024 4 |
| F | 40.228 0 *** | 40.069 3 *** | 4.302 5 | 4.288 8 *** | 8.228 7 *** | 10.535 8 *** |
| D.W 值 | 1.915 1 | 1.929 0 | 2.543 2 | 2.543 3 | 2.040 9 | 2.045 7 |
| 残差平方和 | 533.688 7 | 531.088 24 | 375.093 8 | 360.626 6 | | |
| Hausman test P 值 | | | | | 0.000 0 | 0.000 0 |

注：① * ：$P < 0.1$；** ：$P < 0.05$；*** ：$P < 0.01$（双尾检验）；②括号内为 T 值。

表 6-4 的三个模型中每个模型的两列中，左列是只含有控制变量对因变量的回归，右列是剔除了对因变量影响不显著的控制变量后再加入自变量后的回归结果。从对模型三的 Hausman 检验 P 值来看，$P = 0.000\ 0 < 0.01$，拒绝随机影响的原假设，应采用固定影响模型。通过对模型一和模型二的比较，构建统计量 F，按照上文的判别标准，拒绝混合模型的原假设，故采用固定影响变截距模型（EF）做回归分析。模型二左列中的控

制变量行业类型 $Type$ 的回归系数的 $P$ 值较大，为 0.598 5，远远大于本研究所设立的显著性标准，说明其对企业成长性不具直接影响，加以剔除。故在剔除控制变量 $Type$ 并加入自变量 $Pol$ 后，回归结果如表 6-4 模型二右列所示。结果显示所有变量的回归系数均显著，说明企业的背景特征确实是除控制变量外，影响企业成长性又一重要因素，$Pol$ 的回归系数为 $-0.690\ 2$，说明了其对企业成长性具有较明显的负向影响，接受假设 $H'$：企业背景特征对企业成长性有负向影响。

## 6.3.2　中介效应的假设检验

通过上述分析，得到了企业的背景特征具有显著的负向影响作用的结果。由理论推导与分析，将其归结为企业的规模扩张、范围拓展和效能折损三种中介效应共同作用的综合结果。接下来，通过逐步回归分析来分别验证每个效应对背景特征影响企业成长性的中介作用。先对中介变量检验的理论模型和步骤做简要介绍。

在理论上，中介变量意味着某种内部机制[①]，可以理解为自变量是通过中介变量影响因变量的。中介变量分析有利于发现自变量 $X$ 对因变量 $Y$ 的作用机理。正因为如此，从理论上讲中介效应分析的前提是自变量和因变量之间应该存在显著因果关系，否则结果很难解释。

文献中存在多种中介效应检验的程序。本研究用图 6-1 所示的中介模型来说明中介效应分析的思路。自变量 $X$ 对因变量 $Y$ 具有影响，路径系数 $c$。这条路径不含其他变量，所以 $c$ 代表自变量作用于因变量的总效应。再来看中介作用路径，其中 $a$ 表示自变量 $X$ 作用于中介变量 $M$ 的效应，$b$ 表示中介变量 $M$ 作用于因变量 $Y$ 的效应，$c'$ 代表考虑或控制中介变量 $M$ 后，自变量 $X$ 作用于因变量 $Y$ 的效应。

然后，通过建立回归模型求得 $a$、$b$、$c$ 和 $c'$ 的估计值及显著性水平（使用 Eviews 8.0 辅助运算）。一般情况下，只有当 $c$ 显著或 $X$ 与 $Y$ 相关显著时才会考虑中介变量的分析[②]。本研究采用被广泛使用的逐步检验法

---

① Mackinnon D P. Introduction To Statistical Mediation Analysis [J]. American Journal Of Public Health & The Nations Health，2008，23 (3)：1-8.

② 温忠麟. 调节效应和中介效应分析 [M]. 北京：教育科学出版社，2012.

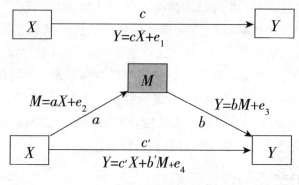

图 6-1　中介模型分析图

（Causal Steps Approach）来进行中介效应的检验。具体步骤如下：

第一步：检验总效应系数是否 $c$ 显著，即自变量与因变量之间是否存在显著关系。如果 $c$ 显著，说明自变量和因变量之间存在显著的因果关系，则检验继续；如果 $c$ 不显著，说明自变量和因变量之间不存在显著的因果关系，中介效应分析终止。

第二步：检验自变量对中介变量的作用效应 $a$ 是否显著。如果 $a$ 显著则检验继续；否则终止分析，说明中介效应不存在。

第三步：检验中介变量对因变量的作用效应 $b$ 是否显著。如果 $b$ 显著则检验继续；否则终止分析，说明中介效应不存在。

第四步：检验直接效应 $c'$ 是否显著[①]。$c'$ 实际上是将中介效应 $b'$ 从总效应 $c$ 中剥离之后 $X$ 对 $Y$ 的直接效应。

接下来对检验结果加以分析。在 $a$ 和 $b$ 都显著的情况下，如果 $c'$ 不显著，说明中介变量 $M$ 在自变量 $X$ 对因变量 $Y$ 的影响中起到了完全中介作用；如果 $c'$ 仍然显著，则说明中介变量 $M$ 在自变量 $X$ 对自变量 $Y$ 的影响中起到了部分中介作用，此时需要通过比较 $c'$ 和 $c$ 的大小来判断中介作用的方向，如果 $c' < c$，说明具有正向的中介作用。如果 $c' > c$，说明具有负向的中介作用。

---

① 事实上，$c'$ 是将中介效应从总效应 $c$ 中剥离之后 $X$ 对 $Y$ 的直接效应，这样易于对中介效应方向的理解。

## 6.3.2.1 规模扩张效应的中介作用

规模扩张效应的变量为 $Asset\_g$ 和 $Num$。首先，分别检验 $Pol$ 对 $Asset\_g$ 和 $Num$ 的影响，模型的选取仍按照前文的选取方法进行[①]，最终建立如下固定影响变截距回归方程。

方程一：$Pol$ 对 $Asset\_g$ 的影响。

$Asset\_g_{it} = m + \alpha_i^* + \beta_0 Pol_{it} + \beta_1 Size_{it} + \beta_2 Age_{it} + \beta_3 Cs_{it} + \beta_4 Ci_{it} + \beta_5 Ower_{it} + \beta_6 Type_{it} + u_{it}$，其中 $i = 1, \cdots, n$，$t = 1, \cdots, T$；$n$ 为样本的数目，$T$ 为时期数目，$m$ 表示各截面成员在方程中都相等的总体均值截距项，$\alpha_i^*$ 表示截面对总体均值偏离的截面截距项，$u_{it}$ 为误差项。

方程二：$Pol$ 对 $Num$ 的影响。

$Num_{it} = m + \alpha_i^* + \beta_0 Pol_{it} + \beta_1 Size_{it} + \beta_2 Age_{it} + \beta_3 Cs_{it} + \beta_4 Ci_{it} + \beta_5 Ower_{it} + \beta_6 Type_{it} + u_{it}$，其中 $i = 1, \cdots, n$，$t = 1, \cdots, T$；$n$ 为样本的数目，$T$ 为时期数目，$m$ 表示各截面成员在方程中都相等的总体均值截距项，$\alpha_i^*$ 表示截面对总体均值偏离的截面截距项，$u_{it}$ 为误差项。

本研究采用加权最小二乘法估计回归参数，仍然先做控制变量的回归，在剔除不显著的控制变量后，再加入自变量 $Pol$ 做回归分析，因此，上述回归方程中的6个控制变量可能在最终回归方程中不能全部出现（以下回归都按此方法进行，不再赘述）。$Pol$ 对 $Asset\_g$ 和 $Num$ 的影响的回归结果如表6-5所示。

**表6-5 $Pol$ 对 $Asset\_g$ 和 $Num$ 的影响**

| | $Asset\_g$ | | $Num$ | |
| --- | --- | --- | --- | --- |
| | | 方程一 | | 方程二 |
| $Pol$ | | 1.069 6*** | | 0.248 6** |
| | | (8.715) | | (2.399 4) |
| $Size$ | 1.147 3*** | 1.244 9*** | 1.400 4*** | 1.390 4*** |
| | (37.420 5) | (38.523 9) | (43.218 4) | (52.850 6) |
| $Age$ | −0.127 8*** | −0.134 3*** | −0.003 1 | |
| | (−27.984 9) | (−27.723) | (−0.642) | |

① 由于文章篇幅限制，选择过程从略，直接给出模型选择结果，下文各回归路径（除 Logistic 回归外）皆同。

（续）

| | Asset _ g | | Num | |
|---|---|---|---|---|
| | 方程一 | | | 方程二 |
| Cs | 0.741 8*** | 0.801 8*** | 0.425 7*** | 0.434 1*** |
| | (13.691) | (13.332 5) | (5.231 3) | (5.624 1) |
| Ci | −0.019 3*** | −0.020 3*** | −0.194 2*** | −0.199 9*** |
| | (−10.923 9) | (−9.391 6) | (−33.941 6) | (−37.168 4) |
| Ower | 1.423 3*** | 1.594 1*** | −0.937 9*** | −0.872 3*** |
| | (19.406 6) | (19.749 8) | (−9.130 5) | (−10.198 4) |
| Type | −0.543 3 | | 0.909 7*** | 0.954 1*** |
| | (−1.490 8) | | (8.225 1) | (9.153 1) |
| $R^2$ | 0.633 7 | 0.647 6 | 0.991 7 | 0.991 8 |
| F | 5.121 3*** | 504 413*** | 352.656 0*** | 356.100 1*** |
| D.W | 1.960 5 | 1.907 0 | 1.779 5 | 1.784 4 |

注：① * ： $P<0.1$；** ： $P<0.05$；*** ： $P<0.01$（双尾检验）；②括号内为 $T$ 值。

表 6-5 中第二列为 6 个控制变量对 $Asset \_ g$ 的回归结果，其中 $Type$ 的回归系数没有通过显著性检验，加以剔除，加入 $Pol$ 后的回归结果为第三列，结果显示所有变量的回归系数均显著。其中 $Pol$ 的系数为 1.069 6，说明背景特征对企业的总资产增长具有显著的正向影响。

表 6-5 中第四列为 6 个控制变量对 $Num$ 的回归结果，所有变量的回归系数均显著，加入 $Num$ 后的回归结果为第五列，结果显示所有变量的回归系数均显著。其中 $Pol$ 的系数为 0.248 6，说明背景特征对企业的雇员规模具有显著的正向影响，但由于 0.248 6＜1.069 6，其影响强度不及企业背景特征对总资产增长率的影响强度大。

综上所述，企业的背景特征对规模扩张效应的总资产增长率和雇员规模两个变量皆具有显著的正向影响，相比之下，对总资产增长率程度更大。这样接受假设 H1a1：企业背景特征对企业的总资产增长具有正向影响；接受假设 H1b1：企业背景特征对企业的雇员规模具有正向影响。可进一步做中介效应的检验。

接下来分别检验 $Asset \_ g$ 和 $Num$ 对 $Grow$ 的直接影响，以及在加入 $Asset \_ g$ 和 $Num$ 后，$Pol$ 对 $Grow$ 的影响。在剔除了对 $Grow$ 影响不显著

的控制变量 $Type$ 后（表 6-4），建立如下固定影响变截距回归方程：

方程一：$Asset\_g$ 对 $Grow$ 的直接影响。

$Grow_{it} = m + \alpha_i^* + \beta_6 Asset\_g_{it} + \beta_1 Size_{it} + \beta_2 Age_{it} + \beta_3 Cs_{it} + \beta_4 Ci_{it} + \beta_5 Ower_{it} + u_{it}$，其中 $i=1, \cdots, n$，$t=1, \cdots, T$；$n$ 为样本的数目，$T$ 为时期数目，$m$ 表示各截面成员在方程中都相等的总体均值截距项，$\alpha_i^*$ 表示截面对总体均值偏离的截面截距项，$u_{it}$ 为误差项。

方程二：加入 $Asset\_g$ 以后，$Pol$ 对 $Grow$ 的影响。

$Grow_{it} = m + \alpha_i^* + \beta_0 Pol_{it} + \beta_6 Asset\_g_{it} + \beta_1 Size_{it} + \beta_2 Age_{it} + \beta_3 Cs_{it} + \beta_4 Ci_{it} + \beta_5 Ower_{it} + u_{it}$，其中 $i=1, \cdots, n$，$t=1, \cdots, T$；$n$ 为样本的数目，$T$ 为时期数目，$m$ 表示各截面成员在方程中都相等的总体均值截距项，$\alpha_i^*$ 表示截面对总体均值偏离的截面截距项，$u_{it}$ 为误差项。

方程三：$Num$ 对 $Grow$ 的直接影响。

$Grow_{it} = m + \alpha_i^* + \beta_6 Num_{it} + \beta_1 Size_{it} + \beta_2 Age_{it} + \beta_3 Cs_{it} + \beta_4 Ci_{it} + \beta_5 Ower_{it} + u_{it}$，其中 $i=1, \cdots, n$，$t=1, \cdots, T$；$n$ 为样本的数目，$T$ 为时期数目，$m$ 表示各截面成员在方程中都相等的总体均值截距项，$\alpha_i^*$ 表示截面对总体均值偏离的截面截距项，$u_{it}$ 为误差项。

方程四：加入 $Asset\_g$ 以后，$Pol$ 对 $Grow$ 的影响。

$Grow_{it} = m + \alpha_i^* + \beta_0 Pol_{it} + \beta_6 Num_{it} + \beta_1 Size_{it} + \beta_2 Age_{it} + \beta_3 Cs_{it} + \beta_5 Ower_{it} + u_{it}$，其中 $i=1, \cdots, n$，$t=1, \cdots, T$；$n$ 为样本的数目，$T$ 为时期数目，$m$ 表示各截面成员在方程中都相等的总体均值截距项，$\alpha_i^*$ 表示截面对总体均值偏离的截面截距项，$u_{it}$ 为误差项。采用加权最小二乘法估计回归参数，回归结果见表 6-6。

表 6-6 中第二列为 $Asset\_g$ 对 $Grow$ 的直接影响，即方程一的回归结果，其中 $Asset\_g$ 的系数为 0.145 2，通过 $P<0.01$ 的显著性检验，说明 $Asset\_g$ 对 $Grow$ 具有显著的正向影响，接受假设 H1a2：总资产增长对成长性具有正向影响。

表 6-6 中第三列为加入 $Asset\_g$ 后，$Pol$ 对 $Grow$ 的直接影响，即方程二的回归结果，回归结果显示所有回归系数均通过显著性检验，其中 $Pol$ 的系数为 -0.873 6，与未加入中介变量时 $Pol$ 的系数 -0.690 2 相比降低了，即 -0.873 6 < -0.690 2，显著性水平没有变化，说明总资产增

长率作为规模扩张效应的变量之一，在企业背景特征对企业成长性的影响过程中起到了正向的中介作用。接受假设 H4：总资产增长在政府关联对企业成长的影响中起正向的中介作用。

**表 6-6  *Asset_g* 和 *Num* 对 *Grow* 的直接影响**

| | Asset_g 对 Grow | | Num 对 Grow | |
| --- | --- | --- | --- | --- |
| | 方程一 | 方程二 | 方程三 | 方程四 |
| Pol | | −0.873 6*** | | −0.690 5*** |
| | | (−15.505) | | (−9.024 9) |
| Asset_g | 0.145 2*** | 0.121 1*** | | |
| | (15.201 5) | (15.497 8) | | |
| Num | | | −0.000 4 | −0.000 6 |
| | | | (−0.313 7) | (−0.476 4) |
| Size | −0.071 7*** | 0.003 4 | 0.202*** | 0.215 1*** |
| | (−4.625 5) | (0.284 5) | (12.985 7) | (13.482 6) |
| Age | 0.003 2 | −0.000 8 | −0.023 4*** | −0.023 8*** |
| | (1.224 6) | (−0.292) | (−8.446 6) | (−8.636 6) |
| Cs | −0.061 2* | −0.022 9 | 0.126 2*** | 0.15*** |
| | (−1.919 2) | (−0.649 8) | (3.197 3) | (3.728 7) |
| Ci | −0.003 7** | −0.005 1*** | −0.007 1*** | −0.007 5*** |
| | (−2.471 1) | (−3.595 4) | (−3.885 6) | (−4.155 4) |
| Ower | 0.425 9*** | 0.541 3*** | 0.884 9*** | 0.895 2*** |
| | (10.547 4) | (14.200 4) | (21.988 6) | (21.755 8) |
| $R^2$ | 0.592 1 | 0.591 8 | | 0.589 2 |
| F | 4.297 1*** | 4.281 1*** | | 4.236 4*** |
| D.W 值 | 2.652 0 | 2.606 1 | | 2.636 1 |

注：①＊：$P<0.1$；＊＊：$P<0.05$；＊＊＊：$P<0.01$（双尾检验）；②括号内为 $T$ 值。

表 6-6 中第四列为 *Num* 对 *Grow* 的直接影响，即方程三的回归结果，其中 *Num* 的系数为 0.145 2，$P$ 值为 0.753 8，未能通过最低显著性水平 $P<0.1$ 的显著性检验，说明 *Num* 对 *Grow* 不具有显著的影响，对变量 *Num* 的中介效应检验结束，说明 *Num* 在 *Pol* 对 *Grow* 的影响过程中，没有起到中介作用。

综上所述，由于 *Num* 没有通过中介效应的检验，所以雇员规模作为规模扩张效应的变量在企业背景特征对企业成长性的影响中没有起到中介作用；而总资产增长率在企业背景特征对企业成长性的影响中，扮演了正向影响的中介角色。支持假设 H1a1、H1a2、H4 和 H1b1，同时不支持假设 H1b2、H1b2′、H5 和 H5′。

### 6.3.2.2　范围拓展效应的中介作用

范围拓展效应的变量为 $Di$ 和 $Du$。首先，分别检验 $Pol$ 对 $Di$ 和 $Du$ 的影响。这种情况下，由于自变量可理解为分组变量，因变量的 $Di$ 和 $Du$ 的取值是离散型的（取 0 或 1），故采用二元 Logistic 离散选择模型，建立如下回归方程：

方程一：$Pol$ 对 $Di$ 的影响。

$$Di_{it} = \alpha + \beta_0 Pol_{it} + \beta_1 Size_{it} + \beta_2 Age_{it} + \beta_3 Cs_{it} + \beta_4 Ci_{it} + \beta_5 Ower_{it} +$$
$\beta_6 Type_{it} + u_{it}$，其中 $i = 1$，$\cdots$，$n$，$t = 1$，$\cdots$，$T$；$n$ 为样本的数目，$T$ 为时期数目，$\alpha$ 为截面截距项，$u_{it}$ 为误差项。

方程二：$Pol$ 对 $Du$ 的影响。

$$Du_{it} = \alpha + \beta_0 Pol_{it} + \beta_1 Size_{it} + \beta_2 Age_{it} + \beta_3 Cs_{it} + \beta_4 Ci_{it} + \beta_5 Ower_{it} +$$
$\beta_6 Type_{it} + u_{it}$，其中 $i = 1$，$\cdots$，$n$，$t = 1$，$\cdots$，$T$；$n$ 为样本的数目，$T$ 为时期数目，$\alpha$ 为截面截距项，$u_{it}$ 为误差项。

仍然先做控制变量的回归，在剔除不显著的控制变量后，再加入自变量 $Pol$ 做回归分析，并采用极大似然法估计回归参数。$Pol$ 对 $Di$ 和 $Du$ 的影响的回归结果如表 6-7 所示。

表 6-7 中第二列为 6 个控制变量对 $Di$ 的回归结果，其中 $Size$ 的回归系数 $P$ 值为 0.133 2，没有通过显著性检验，加以剔除。加入 $Pol$ 后的回归结果为第三列，结果显示所有变量的回归系数均通过了显著性检验，其中 $Pol$ 系数为 0.128 5，$P$ 值为 0.089 5＜0.1，说明企业背景特征对多元化具有显著性的正向影响。

表 6-7 中第四列为 6 个控制变量对 $Du$ 的回归结果，其中 $Size$ 的回归系数 $P$ 值为 0.699 3，没有通过显著性检验，加以剔除。加入 $Pol$ 后的回归结果为第五列，结果显示所有变量的回归系数均通过了显著性检验，其中 $Pol$ 系数为 0.230 8，$P$ 值为 0.013 1＜0.05，说明企业背景特征对企业的非相关多元化经营具有显著性的正向影响。由于 $Pol$ 对 $Di$ 的回归系数小于 $Pol$ 对 $Du$ 的回归系数，即 0.128 5＜0.230 8，说明 $Pol$ 对 $Du$ 的影

响强度要强于 *Pol* 对 *Di* 的影响强度。

表 6-7　Pol 对 Di 和 Du 的影响

| | *Di* | | *Du* | |
|---|---|---|---|---|
| | 方程一 | | 方程一 | |
| *Pol* | 0.128 5* | | 0.230 8** | |
| | (1.697 8) | | (2.479 7) | |
| *Size* | −0.094 4 | | 0.029 9 | |
| | (−1.505 6) | | (0.386 3) | |
| *Age* | 0.038 8*** | 0.034 5*** | 0.074 8*** | 0.072 8*** |
| | (3.804 4) | (3.425) | (5.983 2) | (5.888) |
| *Cs* | 2.237 8*** | 1.930 3*** | 1.275 1*** | 1.304 6*** |
| | (7.009) | (7.338 6) | (3.199 3) | (4.005 6) |
| *Ci* | 0.027 4** | 0.023 9** | 0.027 7** | 0.025 8* |
| | (2.305 9) | (2.019 4) | (2.097 5) | (1.948 4) |
| *Ower* | −0.814 7** | −0.919 9*** | −1.087 3** | −1.090 7*** |
| | (−2.369 5) | (−2.719 5) | (−2.546 4) | (−2.599) |
| *Type* | −0.818 6*** | −0.819*** | −0.639 6*** | −0.665 8*** |
| | (−7.174 6) | (−7.170 2) | (−4.612 1) | (−4.784 7) |
| *McFadden R-squared* | 0.070 7 | 0.070 9 | 0.073 5 | 0.076 8 |
| *LR statistic* | 184.761 3*** | 185.367 6*** | 132.604 0*** | 138.562 6*** |

　　注：① * ：$P<0.1$；** ：$P<0.05$；*** ：$P<0.01$（双尾检验）；②括号中为统计量 $Z$。

　　综上所述，企业的背景特征对范围拓展效应的两个变量——多元化和非相关多元化经营皆具有显著的正向影响。相比之下，企业背景特征对非相关多元化影响程度更大。支持假设 H2a1：企业背景特征对多元化具有显著的正向影响；支持假设 H2b1：企业背景特征对非相关多元化具有显著的正向影响。可进一步做中介效应的检验。

　　接下来分别检验 *Di* 和 *Du* 对 *Grow* 的直接影响，以及在加入 *Di* 或 *Du* 后，*Pol* 对 *Grow* 的影响。本研究剔除了对 *Grow* 影响不显著的控制变量 *Type*，建立如下固定影响变截距回归方程：

　　方程一：*Di* 对 *Grow* 的直接影响。

$$Grow_{it} = m + \alpha_i^* + \beta_6 Di_{it} + \beta_1 Size_{it} + \beta_2 Age_{it} + \beta_3 Cs_{it} + \beta_4 Ci_{it} + \beta_5 Ower_{it} + $$

$u_{it}$，其中 $i=1$，$\cdots$，$n$，$t=1$，$\cdots$，$T$；$n$ 为样本的数目，$T$ 为时期数目，$m$ 表示各截面成员在方程中都相等的总体均值截距项，$\alpha_i^*$ 表示截面对总体均值偏离的截面截距项，$u_{it}$ 为误差项。

方程二：加入 $Di$ 以后，$Pol$ 对 $Grow$ 的影响。

$Grow_{it}=m+\alpha_i^*+\beta_0 Pol_{it}+\beta_6 Di_{it}+\beta_1 Size_{it}+\beta_2 Age_{it}+\beta_3 Cs_{it}+\beta_4 Ci_{it}+\beta_5 Ower_{it}+u_{it}$，其中 $i=1$，$\cdots$，$n$，$t=1$，$\cdots$，$T$；$n$ 为样本的数目，$T$ 为时期数目，$m$ 表示各截面成员在方程中都相等的总体均值截距项，$\alpha_i^*$ 表示截面对总体均值偏离的截面截距项，$u_{it}$ 为误差项。

方程三：$Du$ 对 $Grow$ 的直接影响。

$Grow_{it}=m+\alpha_i^*+\beta_6 Du_{it}+\beta_1 Size_{it}+\beta_2 Age_{it}+\beta_3 Cs_{it}+\beta_4 Ci_{it}+\beta_5 Ower_{it}+u_{it}$，其中 $i=1$，$\cdots$，$n$，$t=1$，$\cdots$，$T$；$n$ 为样本的数目，$T$ 为时期数目，$m$ 表示各截面成员在方程中都相等的总体均值截距项，$\alpha_i^*$ 表示截面对总体均值偏离的截面截距项，$u_{it}$ 为误差项。

方程四：加入 $Du$ 以后，$Pol$ 对 $Grow$ 的影响。

$Grow_{it}=m+\alpha_i^*+\beta_0 Pol_{it}+\beta_6 Du_{it}+\beta_1 Size_{it}+\beta_2 Age_{it}+\beta_3 Cs_{it}+\beta_4 Ci_{it}+\beta_5 Ower_{it}+u_{it}$，其中 $i=1$，$\cdots$，$n$，$t=1$，$\cdots$，$T$；$n$ 为样本的数目，$T$ 为时期数目，$m$ 表示各截面成员在方程中都相等的总体均值截距项，$\alpha_i^*$ 表示截面对总体均值偏离的截面截距项，$u_{it}$ 为误差项。仍采用加权最小二乘法估计回归参数，回归结果见表 6-8。

表 6-8 中第二列为 $Di$ 对 $Grow$ 的直接影响，即方程一的回归结果，其中 $Di$ 的系数为 $-0.178\,6$，通过 $P<0.01$ 的显著性检验，说明 $Di$ 对 $Grow$ 具有显著的负向影响，支持假设 H2a2′：多元化对成长性具有负向影响；同时不支持假设 H2a2：多元化对成长性具有正向影响。

表 6-8 中第三列为加入 $Di$ 后，$Pol$ 对 $Grow$ 的直接影响，即方程二的回归结果，回归结果显示所有回归系数均通过显著性检验，其中 $Pol$ 的系数为 $-0.686\,7$，与未加入中介变量时 $Pol$ 的系数 $-0.690\,2$ 相比提高了，即 $-0.686\,7>-0.690\,2$，显著性水平没有变化，说明多元化作为范围拓展效应的变量之一，在企业背景特征对企业成长性的影响过程中起到了负向的中介作用。接受假设 H6′：多元化在企业背景特征对企业成长的影响中具有负向的中介作用；同时拒绝假设 H6：多元化在企业背景特征

对企业成长的影响中具有正向的中介作用。

表 6-8 中第四列为 $Du$ 对 $Grow$ 的直接影响，即方程三的回归结果，其中 $Du$ 的系数为 $-0.1549$，通过 $P < 0.01$ 的显著性检验，说明 $Du$ 对 $Grow$ 具有显著的负向影响，接收假设 H2b2：非相关多元化对成长性具有负向影响。

表 6-8　Di 和 Du 对 Grow 的直接影响

| | Di 对 Grow | | Du 对 Grow | |
|---|---|---|---|---|
| | 方程一 | 方程二 | 方程三 | 方程四 |
| Pol | | −0.686 7*** <br> (−9.117 2) | | −0.687 3*** <br> (−9.009) |
| Di | −0.176 8*** <br> (−3.265 3) | −0.173 9*** <br> (−3.321 9) | | |
| Du | | | −0.154 9*** <br> (−4.759) | −0.125*** <br> (−2.675 5) |
| Size | 0.200 5*** <br> (13.318 9) | 0.208 6*** <br> (13.343 1) | 0.200 6*** <br> (13.413 5) | 0.211 1*** <br> (13.660 8) |
| Age | −0.020 7*** <br> (−7.423 2) | −0.020 9*** <br> (−7.506 5) | −0.022 8*** <br> (−8.27) | −0.023 2*** <br> (−8.423 1) |
| Cs | 0.136*** <br> (3.447 3) | 0.152 3*** <br> (3.760 4) | 0.126 2*** <br> (3.225) | 0.146 3*** <br> (3.656 8) |
| Ci | −0.006 4*** <br> (−3.798 3) | −0.006 8*** <br> (−3.966 8) | −0.006 9*** <br> (−3.932 4) | −0.007 2*** <br> (−4.127 7) |
| Ower | 0.915 4*** <br> (22.818 1) | 0.918 9*** <br> (22.291 8) | 0.896 2*** <br> (22.563 2) | 0.902 9*** <br> (22.215 9) |
| $R^2$ | 0.588 1 | 0.589 4 | 0.594 2 | 0.593 1 |
| F | 4.226 3*** | 4.238 5*** | 4.335 8*** | 4.305 3*** |
| D.W 值 | 2.553 1 | 2.552 6 | 2.549 0 | 2.631 0 |

注：①*：$P < 0.1$；**：$P < 0.05$；***：$P < 0.01$（双尾检验）；②括号内为 $T$ 值。

表 6-8 中第五列为加入 $Du$ 后，$Pol$ 对 $Grow$ 的直接影响，即方程四的回归结果，回归结果显示所有回归系数均通过显著性检验，其中 $Pol$ 的系数为 $-0.6873$，与未加入中介变量时 $Pol$ 的系数 $-0.6902$ 相比提高了，即 $-0.6873 > -0.6902$，显著性水平没有变化，说明非相关多元化经营作为范围拓展效应的变量之一，在企业背景特征对企业成长性的影响

过程中起到了负向的中介作用。支持假设 H7：非相关多元化在企业背景特征对企业成长的影响中具有负向的中介作用。

综上所述，通过对范围拓展效应的中介作用分析，其变量 $Di$ 和 $Du$ 在企业背景特征对企业成长性的影响中，扮演了负向影响的中介角色。同时支持假设 H2a1、H2a2，H2b1、H2b，H6′、H7，不支持假设 H2a2′ 和 H6。体现了规模扩张效应的负向中介作用。

### 6.3.2.3 效能折损效应的中介作用

效能折损效应的变量为 $Expen$ 和 $Rd$。首先，分别检验 $Pol$ 对 $Expen$ 和 $Rd$ 的影响，并建立如下固定影响变截距回归方程：

方程一：$Pol$ 对 $Expen$ 的影响。

$Expen_{it} = m + \alpha_i^* + \beta_0 Pol_{it} + \beta_1 Size_{it} + \beta_2 Age_{it} + \beta_3 Cs_{it} + \beta_4 Ci_{it} + \beta_5 Ower_{it} + \beta_6 Type_{it} + u_{it}$，其中 $i=1$，$\cdots$，$n$，$t=1$，$\cdots$，$T$；$n$ 为样本的数目，$T$ 为时期数目，$m$ 表示各截面成员在方程中都相等的总体均值截距项，$\alpha_i^*$ 表示截面对总体均值偏离的截面截距项，$u_{it}$ 为误差项。

方程二：$Pol$ 对 $Rd$ 的影响。

$Rd_{it} = m + \alpha_i^* + \beta_0 Pol_{it} + \beta_1 Size_{it} + \beta_2 Age_{it} + \beta_3 Cs_{it} + \beta_4 Ci_{it} + \beta_5 Ower_{it} + \beta_6 Type_{it} + u_{it}$，其中 $i=1$，$\cdots$，$n$，$t=1$，$\cdots$，$T$；$n$ 为样本的数目，$T$ 为时期数目，$m$ 表示各截面成员在方程中都相等的总体均值截距项，$\alpha_i^*$ 表示截面对总体均值偏离的截面截距项，$u_{it}$ 为误差项。

仍然先做控制变量的回归，在剔除不显著的控制变量后，再加入自变量 $Pol$ 做回归分析，因此上述回归方程中的 6 个控制变量可能在最终回归中不能全部出现。采用加权最小二乘法估计回归参数，$Pol$ 对 $Expen$ 和 $Rd$ 的影响的回归结果如表 6-9 所示。

表 6-9 中第二列为 6 个控制变量对 $Expen$ 的回归结果，所有变量回归系数 $P$ 值均通过了通过显著性检验。加入 $Pol$ 后的回归结果为第三列，结果显示，所有变量的回归系数均了通过显著性检验，其中 $Pol$ 系数为 0.060 2，说明企业背景特征对企业的非生产性支出具有显著性的正向影响。

表 6-9 中第四列为 6 个控制变量对 $Rd$ 的回归结果，其中 $Type$ 的回归系数 $P$ 值分别为 0.200 0，未能通过 $P<0.1$ 的最低标准的显著性检验，加以剔除。加入 $Pol$ 后的回归结果为第五列，结果显示所有变量的回归系

数均通过了显著性检验，其中 $Pol$ 系数为 0.007 9，$P$ 值为 0.071 0＜0.1，说明企业背景特征对企业的创新能力弱化具有显著性的正向影响。由于 $Pol$ 对 $Rd$ 的回归系数 0.007 9 小于 $Pol$ 对 $Expen$ 的回归系数 0.060 2，说明 $Pol$ 对 $Rd$ 的影响强度要低于 $Pol$ 对 $Expen$ 的影响强度。

表 6-9　$pol$ 对 $Expen$ 和 $Rd$ 的影响

| | $Expen$ | | $Rd$ | |
| --- | --- | --- | --- | --- |
| | | 方程一 | | 方程二 |
| $Pol$ | | 0.060 2*** | | 0.007 9* |
| | | (8.455 6) | | (1.806 9) |
| $Size$ | −0.022 4*** | −0.023 4*** | −0.018 6*** | −0.019*** |
| | (−14.254 7) | (−14.375 2) | (−15.499 3) | (−15.8) |
| $Age$ | 0.007 3*** | 0.007 4*** | 0.004*** | 0.004 1*** |
| | (24.074 3) | (23.599 9) | (15.433 9) | (15.630 5) |
| $Cs$ | −0.018*** | −0.021*** | −0.005 6* | −0.005 9* |
| | (−4.963 1) | (−5.287 4) | (−1.697 3) | (−1.786 1) |
| $Ci$ | 0.001 4*** | 0.001 4*** | 0.000 6*** | 0.000 6*** |
| | (7.896 9) | (7.618 3) | (4.177 4) | (4.122) |
| $Ower$ | −0.057 8*** | −0.056 9*** | −0.024 9*** | −0.025 5*** |
| | (−11.795 7) | (−11.166 2) | (−7.332 1) | (−7.525 2) |
| $Type$ | 0.033 6*** | 0.045 4*** | −0.006 5 | |
| | (6.199 9) | (7.679 3) | (−1.282 1) | |
| $R^2$ | 0.990 4 | 0.989 2 | 0.546 1 | 0.551 0 |
| $F$ | 303.855 2*** | 270.550 6*** | 3.561 9 | 3.633 6 |
| $D.W$ 值 | 2.001 9 | 1.999 1 | 2.491 1 | 2.488 4 |

注：①＊：$P<0.1$；＊＊：$P<0.05$；＊＊＊：$P<0.01$（双尾检验）；②括号内为 $T$ 值。

综上所述，企业的背景特征对效能折损效应的两个变量——非生产性支出和创新能力弱化皆具有显著的正向影响，而且相比之下，对非生产性支出的影响程度最大，对创新能力弱化的影响程度次之。支持假设 H3a1：企业背景特征对非生产性支出具有显著的正向影响；支持假设 H3b1：企业背景特征对创新能力弱化具有显著的正向影响。可进一步做中介效应的检验。

接下来分别检验 $Expen$ 和 $Rd$ 对 $Grow$ 的直接影响，以及加入 $Expen$ 或 $Rd$ 后，$Pol$ 对 $Grow$ 的影响。剔除对 $Grow$ 影响不显著的控制变量

$Type$，并建立如下固定影响变截距回归方程：

方程一：$Expen$ 对 $Grow$ 的直接影响。

$Grow_{it} = m + \alpha_i^* + \beta_6 Expen_{it} + \beta_1 Size_{it} + \beta_2 Age_{it} + \beta_3 Cs_{it} + \beta_4 Ci_{it} + \beta_5 Ower_{it} + u_{it}$，其中 $i = 1, \cdots, n$，$t = 1, \cdots, T$；$n$ 为样本的数目，$T$ 为时期数目，$m$ 表示各截面成员在方程中都相等的总体均值截距项，$\alpha_i^*$ 表示截面对总体均值偏离的截面截距项，$u_{it}$ 为误差项。

方程二：加入 $Expen$ 以后，$Pol$ 对 $Grow$ 的影响。

$Grow_{it} = m + \alpha_i^* + \beta_0 Pol_{it} + \beta_6 Expen_{it} + \beta_1 Size_{it} + \beta_2 Age_{it} + \beta_3 Cs_{it} + \beta_4 Ci_{it} + \beta_5 Ower_{it} + u_{it}$，其中 $i = 1, \cdots, n$，$t = 1, \cdots, T$；$n$ 为样本的数目，$T$ 为时期数目，$m$ 表示各截面成员在方程中都相等的总体均值截距项，$\alpha_i^*$ 表示截面对总体均值偏离的截面截距项，$u_{it}$ 为误差项。

方程三：$Rd$ 对 $Grow$ 的直接影响。

$Grow_{it} = m + \alpha_i^* + \beta_6 Rd_{it} + \beta_1 Size_{it} + \beta_2 Age_{it} + \beta_3 Cs_{it} + \beta_4 Ci_{it} + \beta_5 Ower_{it} + u_{it}$，其中 $i = 1, \cdots, n$，$t = 1, \cdots, T$；$n$ 为样本的数目，$T$ 为时期数目，$m$ 表示各截面成员在方程中都相等的总体均值截距项，$\alpha_i^*$ 表示截面对总体均值偏离的截面截距项，$u_{it}$ 为误差项。

方程四：加入 $Rd$ 以后，$Pol$ 对 $Grow$ 的影响。

$Grow_{it} = m + \alpha_i^* + \beta_0 Pol_{it} + \beta_6 Rd_{it} + \beta_1 Size_{it} + \beta_2 Age_{it} + \beta_3 Cs_{it} + \beta_4 Ci_{it} + \beta_5 Ower_{it} + u_{it}$，其中 $i = 1, \cdots, n$，$t = 1, \cdots, T$；$n$ 为样本的数目，$T$ 为时期数目，$m$ 表示各截面成员在方程中都相等的总体均值截距项，$\alpha_i^*$ 表示截面对总体均值偏离的截面截距项，$u_{it}$ 为误差项。采用加权最小二乘法估计回归参数，回归结果见表 6 - 10。

表 6 - 10 中第二列为 $Expen$ 对 $Grow$ 的直接影响，即方程一的回归结果，所有回归系数均通过显著性检验，其中 $Expen$ 的系数为 -1.731 9，说明 $Expen$ 对 $Grow$ 具有显著的负向影响。支持了假设 H3a2：非生产性支出对成长性具有负向影响。

表 6 - 10 中第三列为加入 $Expen$ 后，$Pol$ 对 $Grow$ 的直接影响，即方程二的回归结果，回归结果显示所有回归系数均通过显著性检验，其中 $Pol$ 的系数为 -0.540 0，与未加入中介变量时 $Pol$ 的系数 -0.690 2 相比提高了，即 -0.540 0 > -0.690 2，显著性水平没有变化，说明非生产性

支出做为效能折损的变量之一，在企业背景特征对企业成长性的影响过程中起到了负向的中介作用。支持了假设 H8：非生产性支出在企业背景特征对企业成长的影响具有负向的中介作用。

表 6-10　*Expen* 和 *Rd* 对 *Grow* 的直接影响

| | *Expen* 对 *Grow* | | *Rd* 对 *Grow* | |
|---|---|---|---|---|
| | 方程一 | 方程二 | 方程三 | 方程四 |
| *Pol* | | −0.54 *** <br> (−7.528 5) | | −0.666 5 *** <br> (−8.594 9) |
| *Expen* | −1.731 9 *** <br> (−16.352 3) | −1.622 4 *** <br> (−15.276 9) | | |
| *Rd* | | | −0.612 2 *** <br> (−8.612 5) | −0.588 9 *** <br> (−8.419 7) |
| *Size* | 0.141 3 *** <br> (9.471 5) | 0.162 9 *** <br> (10.642 4) | 0.187 3 *** <br> (11.814 3) | 0.205 8 *** <br> (12.743) |
| *Age* | −0.005 6 * <br> (−1.88) | −0.007 ** <br> (−2.316 8) | −0.019 6 *** <br> (−7.011 8) | −0.020 1 *** <br> (−7.203 7) |
| *Cs* | 0.109 9 *** <br> (3.014 9) | 0.144 6 *** <br> (3.748 9) | 0.103 5 *** <br> (2.595 2) | 0.141 4 *** <br> (3.474 8) |
| *Ci* | −0.005 9 *** <br> (−3.454 8) | −0.006 6 *** <br> (−3.764 5) | −0.006 3 *** <br> (−3.652 2) | −0.006 9 *** <br> (−4.012 4) |
| *Ower* | 0.667 3 *** <br> (14.258 2) | 0.700 4 *** <br> (14.723 2) | 0.763 2 *** <br> (16.418 8) | 0.794 3 *** <br> (16.898 3) |
| $R^2$ | 0.527 4 | 0.537 6 | 0.557 1 | 0.575 4 |
| *F* | 3.304 2 *** | 3.433 2 *** | 3.724 3 *** | 4.001 6 *** |
| *D.W* 值 | 2.500 5 | 2.501 2 | 2.554 6 | 2.554 1 |

注：①＊：$P<0.1$；＊＊：$P<0.05$；＊＊＊：$P<0.01$（双尾检验）；②括号内为 *T* 值。

　　表 6-10 中第四列为 *Rd* 对 *Grow* 的直接影响，即方程三的回归结果，所有回归系数均通过显著性检验，其中 *Rd* 的系数为−0.612 2，说明 *Rd* 对 *Grow* 具有显著的负向影响。支持了假设 H3b2：创新能力弱化对成长性具有负向影响。

　　表 6-10 中第五列为加入 *Rd* 后 *Pol* 对 *Grow* 的直接影响，即方程四的回归结果，回归结果显示所有回归系数均通过显著性检验，其中 *Pol* 的系数为−0.666 5，与未加入中介变量时 *Pol* 的系数−0.690 2 相比提高

了，即$-0.666\,5>-0.690\,2$，显著性水平没有变化，说明创新能力弱化做为效能折损的变量之一，在企业背景特征对企业成长性的影响过程中起到了负向的中介作用。接受假设 H9：创新能力弱化在企业背景特征对企业成长的影响中起负向的中介作用。

综上所述，通过对效能折损效应的中介作用分析，其变量 $Expen$ 和 $Rd$ 在企业背景特征对企业成长性的影响中，扮演了负向影响的中介角色。通过对是否加入中介变量的前后系数的变化情况来看，非生产性支出对效能折损效应的中介作用贡献是最大的。相比之下，创新能力弱化对效能折损效应的中介作用贡献较小。支持了假设 H3a1、H3a2，H3b1、H3b2，H8 和 H9，体现了效能折损效应的负向中介作用。

### 6.3.2.4　中介效应的综合作用

通过对上述三个中介效应的变量的逐一回归，验证了每个变量的中介作用。并通过加入中介变量后，企业背景特征回归系数的变化幅度初步判断了三个中介效应的综合作用结果。一方面，为了更加直观体现这种综合的中介作用；另一方面，为了全面阐释企业背景特征对企业成长的作用机理，进行中介效应的综合分析。具体方法为：在对企业成长性加以控制后，将全部中介变量（不含雇员规模 $Num$，因为在上文已经证实不具有中介作用）和企业背景特征加入回归模型对成长性进行回归，对于不显著的变量逐一剔除，直到除企业背景特征外的所有变量的回归系数显著为止。回归结果如表 6‑11 所示。

表 6‑11 中的第二列到第五列，分别表示全部中介变量和控制变量参与回归，即剔除 $Cs$ 回归，剔除 $Cs$ 和 $Du$ 回归，剔除 $Cs$、$Du$ 和 $Ci$ 回归的结果[①]。特别需要说明的是，通过观察第二列和第三列回归结果可知，$Du$ 前的系数是正值，解释为 $Du$ 对 $Grow$ 有正向影响，但这种影响不显著。这与单独检验 $Du$ 的中介效用时的结论——$Du$ 对 $Grow$ 具有显著的正向影响是矛盾的。而 $Di$ 的系数显著为负，这种结果说明 $Di$ 和 $Du$ 之间具有较强的多重共线性，$Di$ 的出现削弱了 $Du$ 的显著性，并改变了 $Du$ 系数的

---

① 逐一剔除不显著变量的顺序按照显著性的从弱到强，即按照 $P$ 值的由大到小，表中未列出具体 $P$ 值，但可以通过观察括号中 $T$ 值的大小观测出显著性的强弱。

方向，说明这两个变量所反映的信息在很大程度上是相似的。虽然单独检验每个变量的中介作用都是显著的，但当两者同时出现在一个回归方程中时，$Du$ 就显得冗余了。这种结果通过表 6-3 中 $Di$ 和 $Du$ 的相关系数可以得到验证。

表 6-11　加入多个中介变量后 $Pol$ 对 $Grow$ 影响

| | 全部变量 | 剔除 $Cs$ | 再剔除 $Du$ | 再剔除 $Ci$ |
|---|---|---|---|---|
| $Pol$ | −0.704 0*** | −0.706 2*** | −0.704 5*** | −0.702 7*** |
| | (−9.062 7) | (−9.089 7) | (−9.153 8) | (−9.091 4) |
| $Asset\_g$ | 0.148 5*** | 0.148 3*** | 0.148 9*** | 0.150 3*** |
| | (15.935 8) | (16.208 6) | (16.165 0) | (14.388 4) |
| $Di$ | −0.323 4*** | −0.325 1*** | −0.251 3*** | −0.245 5*** |
| | (−3.374 4) | (−3.422 6) | (−3.326 1) | (−3.222 7) |
| $Du$ | 0.108 5 | 0.111 4 | | |
| | (1.115 8) | (1.154 5) | | |
| $Expen$ | −1.406 5*** | −1.409 4*** | −1.408 6*** | −1.412 0*** |
| | (−15.496 2) | (−15.488 4) | (−15.458 9) | (−15.626 7) |
| $Rd$ | −0.603 4*** | −0.587 9*** | −0.579 2*** | −0.619 7*** |
| | (−10.000 2) | (−9.545 7) | (−9.359 1) | (−10.485 9) |
| $Size$ | −0.107 4*** | −0.106 6*** | −0.107 2*** | −0.114 6*** |
| | (−6.930 9) | (−6.938 3) | (−6.971 7) | (−7.443 1) |
| $Age$ | 0.025 2*** | 0.024 8*** | 0.024 9*** | 0.025 1*** |
| | (8.895 0) | (8.819 3) | (8.842 2) | (8.963 1) |
| $Cs$ | −0.007 1 | | | |
| | (−0.192 4) | | | |
| $Ci$ | −0.001 3 | −0.001 3 | −0.001 4 | |
| | (−1.132 1) | (−1.210 3) | (−1.247 1) | |
| $Ower$ | 0.327 5*** | 0.322 0*** | 0.323 3*** | 0.321 1*** |
| | 7.453 5 | (7.400 0) | (7.418 0) | (7.294 5) |
| $R^2$ | 0.601 4 | 0.599 8 | 0.599 6 | 0.595 7 |
| $F$ | 4.410 7*** | 4.393 2*** | 4.399 6*** | 4.339 7*** |
| $D.W$ 值 | 2.588 7 | 2.591 8 | 2.591 8 | 2.585 4 |

注：① $*$：$P<0.1$；$**$：$P<0.05$；$***$：$P<0.01$（双尾检验）；②括号内为 $T$ 值。

表 6 - 11 中第五列即是中介效应的综合作用结果，$Pol$ 的系数为 −0.702 7，小于未加入中介变量时 $Pol$ 的系数 −0.690 2，说明三种中介效应的综合作用是正向的；而且由于此时 $Pol$ 的系数 −0.702 7 为三星显著，又说明这三种中介效应的综合作用是部分中介作用，而不是完全中介作用。

# 第 7 章　研究结果与讨论

本章是对回归结果与假设检验的结果进行总结，并进行讨论以寻求一些重要观点，旨在能够为中国民营企业提供一些实践性的指导和管理启示。

## 7.1　假设检验结果汇总

通过回归结果与假设检验的分析，将结果汇总为表 7-1。

**表 7-1　假设检验结果汇总**

| 假设编号 | 假　设　内　容 | 检验结果 |
| --- | --- | --- |
| H | 企业背景特征对企业的成长性有正向影响 | 不支持 |
| H′ | 企业背景特征对企业的成长性有负向影响 | 支持 |
| H1a1 | 企业背景特征对总资产增长具有正向影响 | 支持 |
| H1a2 | 总资产增长对成长性具有正向影响 | 支持 |
| H1b1 | 企业背景特征对雇员规模具有正向影响 | 支持 |
| H1b2 | 雇员规模对成长性具有正向影响 | 不支持 |
| H1b2′ | 雇员规模对成长性具有负向影响 | 不支持 |
| H2a1 | 企业背景特征对多元化具有正向影响 | 支持 |
| H2a2 | 多元化对成长性具有正向影响 | 不支持 |
| H2a2′ | 多元化对成长性具有负向影响 | 支持 |
| H2b1 | 企业背景特征对非相关多元化具有正向影响 | 支持 |
| H2b2 | 非相关多元化对成长性有负向影响 | 支持 |
| H3a1 | 企业背景特征对非生产性支出具有正向影响 | 支持 |
| H3a2 | 非生产性支出对成长性有负向影响 | 支持 |
| H3b1 | 企业背景特征对创新能力弱化具有正向影响 | 支持 |

（续）

| 假设编号 | 假 设 内 容 | 检验结果 |
|---|---|---|
| H3b2 | 创新能力弱化对成长性有负向影响 | 支持 |
| H4 | 总资产增长在企业背景特征对成长性的影响中具有正向的中介作用 | 支持 |
| H5 | 雇员规模在企业背景特征对成长性的影响中具有正向的中介作用 | 不支持 |
| H5′ | 雇员规模在企业背景特征对成长性的影响中具有负向的中介作用 | 不支持 |
| H6 | 多元化在企业背景特征对成长性的影响中具有正向的中介作用 | 不支持 |
| H6′ | 多元化在企业背景特征对成长性的影响中具有负向的中介作用 | 支持 |
| H7 | 非相关多元化在企业背景特征对成长性的影响中具有负向的中介作用 | 支持 |
| H8 | 非生产性支出在企业背景特征对成长性的影响中具有负向的中介作用 | 支持 |
| H9 | 创新能力弱化在企业背景特征对成长性的影响中具有负向的中介作用 | 支持 |

## 7.2 研究结果的讨论

本研究将一些不确定的影响过程以两种假设的方式加以描述，通过回归结果分析，一些不确定的影响均得到确认。从假设检验结果来看，绝大多数的假设被支持。对研究结果的讨论仍然按照第 6 章的思路进行，首先讨论企业背景特征对企业成长的综合影响结果，然后对作用机理按照三个中介效应的回归分析结果加以讨论。

### 7.2.1 企业背景特征对企业成长的影响

通过理论分析和文献的梳理可知，关于企业背景特征对企业成长性的影响，学术界持有积极和消极的两种观点，一种观点认为企业背景特征有利于企业的绩效和成长；另一种观点则认为企业背景特征的负面作用更加突出，会掩盖企业背景特征的积极作用。这好似一个辩题，不同的学者从自己的研究角度，运用不同研究方法加以阐述，众说纷纭。本研究将这种影响看作在多因素影响作用下的不确定性的影响，因此提出了假设 H 和 H′，分别表示企业背景特征对企业成长性的正向影响与负向影响，等待实证研究结果的验证。

为了得到更具说服力结果，先对建立的控制变量进行了筛查，只有得到对企业成长性具有显著性影响的控制变量，才能确定所研究的企业背景特征是一个影响企业成长性的新的因素，如果将一个对企业成长性影响不显著的变量作为控制变量加入回归方程，不但没有意义，而且会扰乱其他变量的回归系数和显著性水平。表 6 - 4 中所有控制变量对企业成长性的回归结果显示，只有一个控制变量的对企业成长性的影响是不显著的，它的 $P$ 值为 0.598 5，远远大于最低的 0.1 显著性水平，这个变量就是制造业的分组变量 $Type$，说明企业是否为制造业企业不会影响到企业的成长性。当剔除了该变量后，加入自变量企业背景特征后所有的回归系数都显著了，同时 $R^2$ 值、统计量 $F$ 的显著性水平和 $D.W$ 值都在合理区间，说明回归具有较好的效果。其中，最关注的变量——企业背景特征，其回归系数为 -0.690 2，其显著性水平达到了最高的三星水平，说明企业背景特征对企业成长性的影响是负向的，支持了假设 $H'$，同时不支持 $H$。

这种结果是企业背景特征的资源效应通过多种路径作用于企业的综合结果，企业背景特征一定在某些方面是对企业具有积极作用的，否则民营企业的背景特征这一现象就不会存在。但综合结果显示其对企业的成长又是负向的，如何解释这一问题的两面性呢？企业背景特征一定存在着某种强于其正向影响的负面效应，最终使企业成长性不但没有得到提升，反而下降，而这种结果可能作为企业自身都没有意识到。这也为进一步研究企业背景特征对企业成长性影响的作用机理埋下了伏笔。

## 7.2.2　中介效用的分析

通过第四章的论述不难看出，当具有背景特征企业获得政治资源后，其行为会产生规模扩张、范围拓展、效能折损三个中介效应，进一步影响到企业的绩效和成长性。

### 7.2.2.1　规模扩张效应的中介作用

企业获得政治资源后，即通过便利的贷款政策或其他融资手段，增加投资，实现其规模的扩大，这必将导致企业的总资产规模的增长和员工人数的增加，促进企业的成长。因此，本研究用企业总资产的增长和雇员规模作为企业规模扩张效应的变量，分别讨论其中介作用。并用假设 H1a1 和 H1b1 描述企业背景特征对企业的总资产增长和雇员规模的正向影响；

用假设 H1a2 描述企业的总资产增长对成长性的正向影响，用假设 H1b2 和假设 H1b2′ 描述企业的雇员规模对成长性的正向和负向影响；用假设 H4 描述总资产增长在企业背景特征对企业成长影响中的正向的中介作用，用假设 H5 和 H5′ 描述雇员规模在企业背景特征对企业成长影响中的正向和负向中介作用，以等待实证研究结果的验证。

根据中介效应验证的步骤，首先验证了企业背景特征对总资产增长率和雇员规模的影响。换句话说，此次回归过程的因变量变为中介变量，所以需要重新筛选控制变量。将所有控制变量对总资产增长率回归后，结果显示行业类型的分组变量 $Type$ 的系数没有通过显著性检验，其 P 值为 0.136 2 大于最低显著性标准 0.1。在剔除行业变量后加入企业背景特征对总资产增长率的回归结果显示企业背景特征的系数为 1.069 6，并且显著性达到最高的三星标准，说明了企业背景特征能够促进企业的总资产的增长。对另一规模扩张变量雇员规模的回归，仍按照上述步骤进行，不同的是在单独的控制变量回归中，由于回归系数均显著，没有控制变量被剔除，企业背景特征的系数为 0.248 6，显著性水平为两星，说明企业背景特征同样会导致企业雇员规模的扩大。由于企业背景特征对规模扩张的两个变量的影响均为正向，于是假设 H1a1 和 H1b1 得到支持。

然后对另一路径，中介变量对因变量进行回归，如果影响结果不显著，则中介效应的检验就终止。由于之前已经检验过控制变量对企业成长的影响，所以直接剔除了不显著的行业变量 $Type$，结果显示总资产增长对成长性具有显著的正向影响（系数为 0.145 2），雇员规模对企业成长性不具有显著影响（P 值达到了 0.753 8），因此雇员规模这条中介路径终止检验，说明其不具有中介作用，但总资产增长率对成长性具有显著的正向影响的结论验证了假设 H1a2。

最后加入总资产增长和企业背景特征后对成长性回归，企业背景特征的系数为 −0.876 3，其与企业背景特征对成长的直接综合效应 −0.690 2 相比下降了，说明了如果将中介变量的作用单独剥离出来，企业背景特征对成长性影响的系数由原来的 −0.690 2 变为 −0.876 3，换句话说 −0.876 3 需要加一个正的影响才会变为 −0.690 2，而这种影响就是总资产增长率的正的中介作用，验证了假设 H4。同时总结出对于中介变量的判断依据为：观察加入中介变量后（事实上是单独剥离中介变量影响的过程）企业背景特征系数大小，如果此时的系数大于－0.690 2，说明中介变量的影响为负；如果此时的系数小于－0.690 2，说明中介变量的影响为正。

综上所述，假设 H1a1、H1a2、H1b1 和 H4 得到支持。影响过程可以描述为：企业的企业背景特征导致了企业总资产的增长，企业总资产的增长又促进了企业的成长。其中总资产增长作为规模扩张效应的变量做出了突出的贡献，并证实了规模扩张效应的正向中介作用。

### 7.2.2.2　范围拓展效应的中介作用

企业获得政治资源后，即通过便利的贷款政策或其他融资手段，资金约束得到一定程度的缓解，同时由于市场的准入，在规模扩张的同时，进行多元化的经营，实现其经营范围的拓展。这种范围的拓展表现为多元化经营，特别是一部分企业从事行业跨度较大的非相关多元化经营。但学术界对多元化存在"多元化溢价"和"多元化折价"两种不同的观点[①]，即多元化对企业成长存在正负两种不同的影响。本研究用多元化和非相关多元化作为企业范围拓展效应的变量，分别讨论其中介作用。用假设 H2a1 和 H2b1 来描述企业背景特征对多元化和非相关多元化具有正向影响；用假设 H2a2 和 H2a2′来描述多元化对成长性的正向和负向影响，同时用假设 H2b2 来描述非相关多元化对成长性有负向影响；用假设 H6 和假设 H6′来描述多元化在政府关联对企业成长的影响中的正向和负向中介作用，用假设 H7 来描述非相关多元化在政府关联对企业成长的影响中的负向中介作用。以等待实证研究结果的验证。

首先分别验证了企业背景特征对多元化和非相关多元化的影响。回归过程的因变量变为中介变量，需要重新筛选控制变量。将所有控制变量对多元化回归后，结果显示变量企业规模（Size）的系数没有通过显著性检验，其 P 值为 0.132 2 大于最低显著性标准 0.1。剔除出企业规模变量后加入企业背景特征对多元化回归结果显示企业背景特征的系数为 0.128 5，显著性为一星，说明背景特征企业更加倾向于多元化经营。对另一变量非

---

① 潘瑞姣．"多元化折价"还是"多元化溢价"——研究方法与现有结论［J］．会计与经济研究，2010，24（2）：90-96．

相关多元化经营的，仍按照上述步骤进行，结果显示变量企业规模的系数仍没有通过显著性检验，其 $P$ 值为 0.693 3 大于最低显著性标准 0.1。剔除企业规模变量后加入企业背景特征对非相关多元化经营的回归结果显示，企业背景特征的系数为 0.230 8，显著性为一星，而且系数大于 0.128 5，说明背景特征企业比没有背景特征的企业，更加会倾向于非相关多元化。由于企业背景特征对范围拓展的两个变量的影响均为正向，于是假设 H2a1 和 H2b1 得到验证。

然后对另一路径，中介变量对因变量进行回归，同样剔除了不显著的控制变量行业类型 $Type$，结果显示多元化对成长性具有显著的负向影响（系数为 $-0.175$ 6），非相关多元化经营对成长性也具有显著的负向影响（系数为 $-0.154$ 9）。

由于范围拓展的两个变量对成长性的影响均为负向，于是假设 H2a2′ 和假设 H2b1 得到支持。

最后加入多元化和企业背景特征后对成长性回归，系数为 $-0.686$ 7，与企业背景特征对成长的直接综合效应 $-0.690$ 2 相比上升了，说明如果将中介变量的作用单独剥离出来，企业背景特征对成长性影响的系数由原来的 $-0.690$ 2 变为 $-0.686$ 7，换句话说，$-0.686$ 7 需要加一个负的影响才会变为 $-0.690$ 2，而这种影响就是多元化的负向的中介作用。同样加入非相关多元化经营和企业背景特征后对成长性回归，系数为 $-0.687$ 3，与企业背景特征对成长的直接综合效应 $-0.690$ 2 相比，也上升了，说明了非相关多元化的负向的中介作用。因此假设 H6′ 和假设 H7 得到支持，同时不支持假设 H6。

综上所述，假设 H2a1、H2a2′、H2b1、H2b2、H6′ 和 H7 得到支持，同时不支持假设 H2a2 和假设 H6。这一影响过程可以描述为：企业的背景特征导致了经营范围的拓展，而经营范围的拓展抑制了企业的成长，通过回归系数的比对来看，这种抑制作用不是特别强烈，其中多元化和非相关多元化作为范围拓张效应的变量做出了几乎相等的贡献。

### 7.2.2.3　效能折损效应的中介作用

效能折损效应体现的是企业背景特征的负面效应。企业获得政治资源后，由于背景特征成本的存在，企业对政府的政策负担、创新投入较少等原因，会抵消一部分甚至全部的背景特征对企业的积极影响。本研究以非生产性支出和创新能力弱化作为企业范围拓展的变量，分别讨论其中介作用。用假设 H3a1 和 H3b1 来描述企业背景特征对非生产性支出和创新能力弱化的正向影响，用假设 H3a2 和 H3b2 来描述非生产性支出和创新能力弱化对成长性的负向影响，用假设 H8 和 H9 来描述非生产性支出和创新能力弱化在政府关联对企业成长的影响中起负向的中介作用，以等待实证研究结果的验证。

首先分别验证企业背景特征对非生产性支出和创新能力弱化的影响。由于回归过程的因变量变为中介变量，故仍需要重新筛选控制变量。将所有控制变量对非生产性支出回归后，结果显示所有控制变量的系数均通过了显著性检验，无须剔除。加入企业背景特征对非生产性支出的回归结果显示企业背景特征的系数为 0.060 2，显著性为三星。说明了背景特征导致企业的非生产性支出增加。创新能力减损的回归，仍按照上述步骤进行，结果显示控制变量行业类型（$Type$）的系数仍没有通过显著性检验。剔除控制变量行业类型后，企业背景特征对创新能力弱化的回归结果显示企业背景特征的系数为 0.007 9，显著性为一星，说明企业背景特征会对企业的创新投入的减少量具有正向的影响。由于企业背景特征对范围拓展的两个变量的影响均为正向，于是假设 H3a1 和 H3b1 得到支持。

然后将中介变量对因变量进行回归，同样剔除不显著的控制变量行业类型，结果显示非生产性支出对成长性具有显著的负向影响（系数为 −1.731 9），企业创新能力弱化对成长性也具有显著的负向影响（系数为 −0.612 2）。由于范围拓展的两个变量对企业成长性的影响均为负，于是假设 H3a2 和 H3b2 得到支持。

最后来看中介效果，加入非生产性支出和企业背景特征后对成长性回归，企业背景特征的系数为 −0.54，与企业背景特征对成长的直接综合效应 −0.690 2 相比上升幅度较大，说明了非生产性支出的较强的负向中介作用。加入创新能力减损和企业背景特征后对成长性回归，企业背景特征的系数为 −0.666 5，与企业背景特征对成长性的直接综合效应 −0.690 2 相比，也上升了，说明创新能力弱化具有负向中介作用。因此假设 H8 和 H9 得到支持。

综上所述，假设 H3a1、H3a2，H3b1、H3b2、H8、H9 得到支持。这一影响过程可以描述为：企业背景特征加剧了企业的效能折损，而效能折损又抑制了企业的成长，通过回归系数的比对来看，这种抑制作用比较强烈。通过对回归系数的观察可以认为，创新能力弱化对范围拓张效应的贡献要明显小于非生产性支出的贡献。可以说非生产性支出贡献了范围扩张效应的大部分负向中介作用，创新能力弱化的贡献要小一些。

通过上述分别对规模扩展、范围拓展和效能折损三个中介效应的回归结果的逐一讨论，对本研究的假设进行了检验，同时阐明了每个中介效应的变量贡献。检验结果显示，三个中介效用中有两个是负向的中介作用，分别是范围拓展和效能折损，只有规模扩张的中介效应是正向的。而且通过回归系数的对比分析，在范围拓展和效能折损的负向影响中，效能折损负向影响的作用是主要的。但由于规模扩张效应的中介作用是正向的，从系数变化来看，其正向的中介作用与范围拓展和效能折损的负向效应相比，难分伯仲。为了确定究竟是正向的中介作用占了上风还是负的中介作用占了上风，下面对三个中介效应在企业背景特征对企业成长性影响中的综合作用结果加以讨论。

#### 7.2.2.4 中介效应的综合作用分析

为了考察本研究所提出的全部中介效用的综合作用，将全部的中介变量和企业背景特征加入回归方程对企业成长进行了回归。结果显示，加入了全部的中介变量后，企业背景特征的回归系数为 $-0.7027$，与企业背景特征直接对成长性的回归系数 $-0.6902$ 相比下降了，说明三种中介效应的综合作用结果是正向，换句话说，规模扩张效应的正向中介作用在与范围拓展和效能折损的负向作用的"斗争"中，规模扩张效应的正向中介作用占了上风。同时由于企业背景特征系数 $-0.7027$ 的显著性仍然为三星显著的标准，说明三种中介效应只起到了部分中介效应，没有起到完全的中介效应。

## 7.3 研究结果的管理启示

背景特征现象不是我国的特有现象，它普遍存在于每个经济体中。企业对政治的热衷与追捧是在世界各国都存在的普遍现象，只是程度不同而已，而这种程度取决于制度和文化的差异。我国正处于体制的转轨期，在各行业中，政府掌握着稀缺资源的分配权和重要的行政审批权。而当政治本身也作为一种资源被定义的时候，一个针对政治资源的"卖方市场"便形成了，只因为资源是稀缺的。从本研究样本的描述性统计来看，超过半数的样本企业具有背景特征，企业对政府的重视程度可见一斑。

笔者对背景特征的思考源于企业对政治的寻租成本。我们自身的经历和众多政企间的案例，不断地重复着这样的提问：企业如何建立背景特征？建立背景特征需要企业付出怎样的成本？企业会通过背景特征获得哪些收益？这一切真的会对企业带来促进作用吗？笔者带着这些问题，经过理论的推导和文献综述的梳理，多次变量的筛选和概念模型的建立，通过统计与计量分析及最终的实证结果，得到了一些对中国民营企业的实践性指导与管理启示。

第一，充分发挥规模经济性。

政府为具有背景特征企业提供了在资源获取上的诸多优势，特别是在资金的获取方面，缓解了企业的资金约束。企业利用这种融资的便利，增加投资，扩大规模，寻求规模经济性。规模经济性是经济学中的重要概念，指长期平均总成本随产量（规模）增加而减少。特别是对于制造业企业具有很强指导意义，制造业在较高的产量水平上允许工人实现专业化、标准化的生产，通过现代化的生产作业流程提高生产率、降低成本。

但企业不应忽略规模扩张的风险，最终导致规模不经济。规模不经济产生的原因也是企业需要关注的问题。首先，企业规模与盈利能力背反，往往是由于一个大型组织中固有的协调问题，管理团队越庞大，管理者在降低成本方面的效率就越低。其次，企业的规模扩张表现为固定生产要素和可变生产要素的投入的增加，但利润最大化的原则要求两者要有一个合理的投入比例，所以企业大致上应该按照生产扩展线的轨迹去扩张规模。最后，市场的需求也是企业必须考虑的，否则不充分的市场需求无法满足庞大的产能的时候，投资的资金就固化掉了。因此，企业须对市场的饱和度、进入者的潜在威胁和行业的进入壁垒等情况进行细致的评估。

第二，政治战略与企业资源的匹配。

政治战略作为企业非市场战略的分支，越来越受到企业的重视。企业背景特征作为企业政治战略的强有力的手段之一，被越来越多的企业采用。而具有背景特征企业从政府那里获得的政治资源，缓解了资金约束，降低了行业准入门槛和进入壁垒，走上了多元化发展的道路。从发展的动机角度分为主动型多元化和被动型背景特征。大型企业可配置的资源相对充分，对多元化发展的推动往往是"主动型"，一般围绕着核心竞争力主动进行相关多元化的选择和布局，或通过股权收购和兼并的形式进行非相关多元化的选择和布局。而对于规模较小的企业来说，配置的资源较少，对多元化发展的推动往往是被动型或机会主义型，可能会由一些与自身核心能力相关或不相关的诱因触发的，本书所研究的企业背景特征正是诱因之一。

政府有时出于政治目的的考虑，比如出于经济增长、就业率和地方税收的考虑，以各种优惠、便利的政策吸引背景特征企业进驻本地区，来提高地方 GDP 水平，贡献于地方的经济发展。因为每个地区在经济发展水平、科技环境、人文环境、人口数量及结构等方面都有其各自的特点，由于我国地区产业结构有同质化现象，地方政府所倡导的和助推的方向有时也并未考虑到地区优势，具有一定的盲目性，这决定了它所提供的未必是与企业核心能力相关的资源，而企业手持这份沉甸甸的政府的"恩惠"，在摸索中踏上了非相关多元化的发展道路。比如，一个主营业务为纺织品制造的民营企业，作为地方的重大招商引资项目，从事起农业示范园区的建设与运营，对于企业来说，这无异于"摸着石头过河"。

无论企业的规模大小，无论多元化发展的动机是主动的还是被动的，企业对于多元经营的思考都要在多元化发展战略的框架内进行，遵循最基本的步骤进行。首先，企业应明确多元化发展愿景和目标；其次，根据愿景和目标进行多元化行业梳理和选择；最后，根据一系列多维度准则，确定目标行业的业务方案和资源布局。本研究的实证结果显示，多元化的两个变量对企业的成长具有负向影响，反映了我国的民营企业对于多元化战略的驾驭能力有待提升。但这并不是在否定多元化战略，而是在建议企业的多元化发展要"三思而后行"，特别是对于具有背景特征的企业来讲，一定注意政治战略与企业自身资源的匹配性。

第三，客观对待企业背景特征，坚守核心竞争力。

根据实证结果来看，企业背景特征对企业成长的综合作用是负向的，其中的效能折损的贡献是最大的。企业背景特征所导致的企业非生产性支出的增加、综合赋税水平的提高和创新投入下降，都削弱了企业盈利水平和成长能力，这就是政治资源掠夺效应。因此，企业应该怎样去衡量背景特征的成本，是否将该成本看作企业长期成本投入的一部分，是每个中国的民营企业家都应思考的问题。

随着中国的市场环境和制度环境的改善，特别是党中央将反腐视为常态去推进的背景下，一个企业的核心竞争能力绝对不应该也不会是背景特征。在此我们不得不提到早在 2008 年即被商业周刊评为"全球最具影响力的公司"——华为技术有限公司（简称华为）。人们对华为并不陌生，或许每个成功的案例都是不可复制的，也许中国没有第二个华为，但在华为身上所看到的是 30 年来对自己的核心能力坚守和对技术尊敬，对创新的执着。正是从它的身上看到了每个中国企业都应具备的品质。

对于中国的民营企业来说，企业背景特征是荣誉和责任，而不是手段。中国民营企业需要做的是以平常心态去等待，而不是特意地去追求，将企业的发展依托于自身的核心竞争能力，而不是寄托于政府。纵观世界百年历史的优秀企业，无一例外地都将创新作为其持续发展的引擎，它们无论规模多大，范围多广，唯一不曾失去的就是自己的核心竞争能力。中国民营企业应该专注于自己的产品与服务的提升和对市场需求趋势的精准把控，牢记自己创业时的梦想，不忘初心。

# 第 $8$ 章　结论与展望

本章对基于实证研究结果得出的结论加以总结和论述，同时说明了本研究的创新与理论贡献和存在的局限，最后对企业背景特征与企业成长性的研究方向提出基于个人观点的展望。

## 8.1　研究结论

本研究基于政治寻租理论、资源基础理论和企业的成长性理论，通过理论推导和相关文献的梳理，运用统计学和计量经济学相关方法的实证分析研究，得到如下结论：

### 8.1.1　企业背景特征对企业的成长性具有抑制作用

通过回归分析和假设检验，得到了企业背景特征对企业的成长性具有负向影响作用的结论，这是本研究初衷之一。关于企业背景特征对于企业的绩效和成长性的研究，学术界一直存在着积极和消极的两种观点。这是政治资源的资源效应通过影响企业行为而对成长性的综合影响效果的体现，也是本研究所提出的首要问题。然而企业背景特征对企业成长性这种负向的作用，并不是完全由本研究所提出的三个中介效应综合作用的结果。中介效应的综合作用分析结果显示，规模扩张效应的正向中介影响和其他两个中介效应的负向影响在相互作用的过程中，全部的负向影响被正向影响抵消后，正向影响仍有剩余，最终"斗争"的结果是正向的效应占据了上风。换句话说，如果没有本研究所提出的三个中介效应的中介作用，企业背景特征对企业成长性的负向影响水平会更高。由于本研究的成长性综合得分是运用主成分分析对 7 个增长率指标运算而得，说明企业背景特征对企业的成长趋势是不利的。这也为背景特征企业对企业成长性的影响提供了一种新思考：在企业背景特征对企业成长性影响的过程中是否存在新的作用路径没有被发现？是否企业背景特征对企业成长性存在着直接的而不是通过中介效应的影响呢？

## 8.1.2　企业背景特征对企业成长性影响的作用机理

企业背景特征对企业成长性的作用机理是本研究在开篇提到的问题之二，它是对企业背景特征对企业成长性的作用路径的全面分析。通过本研究的回归与假设检验结果，得到如下结论：

### 8.1.2.1　规模扩张、范围拓展和效能折损效应具有部分中介作用

第一，规模扩张效应在企业背景特征对企业的成长性的影响过程中起到了正向的中介作用。

企业通常将"做大做强"视为发展目标，因此，企业规模的扩张是企业成长的重要表象之一，而且本研究验证了它的确能够对企业的成长起到积极的作用。从经济学的生产论可知，企业产能的扩大，必然需要固定生产要素和可变生产要素投入的增加，因此选取了总资产增长率和雇员规模体现企业的规模扩张效应。结果显示，企业背景特征确实对总资产的增长和雇员规模有促进作用，但雇员规模对成长性却没有显著的关联，因此雇员规模的中介作用路径是不成立的，只有总资产的增长贡献了正向的中介作用。原因在于，随着生产技术和方式的不断革新，固定生产要素和可变生产要素的最优投入比例发生了变化，换句话说，我们可以用更少的人工和更多的机械来生产增加产能。因此，那些高技术含量和高生产效率，且价值高昂的固定资产的投入表现为总资产增长率的上升，并对企业的成长起到了正向的促进作用。

第二，范围拓展效应在企业背景特征对企业的成长性的影响过程中起到了负向的中介作用。

范围拓展效应表现为企业的多元化经营。学术界关于企业是否进行多元化发展是存有争议的，表现为对"多元化溢价"和"多元化折价"的争论。本研究结果显示，企业背景特征的资源效应确实促进了企业的多元化行为，但企业多元化发展可能由于"多元化折价"和多元化的"新宠效应"，并未对企业的成长起到推波助澜的作用，反而产生了部分抑制作用。

需要强调的是，多元化战略对于企业的发展并不是一个完全贬义的概念，本研究结论反映出的是企业的政治战略与多元化战略的一个匹配问题。这说明一个现象，企业通过企业背景特征的市场准入效应，进入一个与原主营业务部分无关或完全无关的一个行业的时候，未能与企业的战略目标或自身对多元化的掌控能力相匹配，最终使企业的成长性受到了抑制。

第三，效能折损效应在企业背景特征对企业的成长性的影响过程中起到了负向的中介作用。

企业将部分精力转移到政治上，必然会分散其对自身能力的培养和对市场的关注，产生效能折损。进而得出结论：效能效应在企业背景特征对企业的成长性的影响过程中起到了负向的中介作用。分别对反映效能折损的两个变量即非生产性支出和创新投入弱化来检验了这一过程。结果显示，非生产性支出的负向中介作用最大，创新投入弱化次之。说明了企业的背景特征的维系成本高昂，可能包括为了履行社会责任而进行的公益性支出和非公益性的商业贿赂等。这些支出部分包含于企业的非生产性支出当中，它削减了企业的利润水平，同时又挤占了企业在创新研发方面的投入，致使企业在"绩效"和"能力"两方面都受到了负面的冲击。由于具有背景特征的企业一般都为地方政府主推的绩优企业和对地方财政贡献突出的企业，因此同时还具有更大的政策性负担，而这些因素都无形中对企业的成长性起到抑制作用。

第四，规模扩张、范围拓展和效能折损效应的综合中介作用是正向的。

三个中介效用中，规模扩张效应的中介作用是正向的，范围拓展效应的中介作用是负向的，效能折损效应的中介作用是负向的。通过对每个效应的分别检验，能够通过对中介作用剥离前后企业背景特征回归系数的对比，大致得到其中介作用的强弱。但三个中介效应综合作用的结果并不能通过每个中介效应带来系数变化的差值这一简单的代数和来反映，需做三种中介效应的综合回归检验才更具说服力，三个中介效应的综合作用表现为这种正负向作用的相互叠加和抵消。结果显示，三个中介效应最终"斗争"的表现为正向。说明规模扩张效应的正向作用在抵消了范围拓展效应和效能折损效应的负向作用后，还略有剩余。

### 8.1.2.2 其他直接或间接的影响路径

基于以上分析可知，企业背景特征对企业成长性的影响是负向的，而本研究所提出的三个中介效应的综合作用是正向的。但这并不矛盾，因为实证结果显示，中介效应所起到的综合作用只是部分中介作用。也就是说，如果没有这些中介作用，企业背景特征对企业的抑制作用会更强。针对这一结果，可以做出如下推理：

第一，如果本研究所发现的是全部的中介作用路径。第一种可能：企业背景特征本身对企业成长就具有强烈的直接影响作用，这种作用不是依靠中介变量产生的，比如政府直接的管制与设置企业发展的障碍等，当然这只是一种猜测。第二种可能：除了中介效应的影响外，企业背景特征本身对企业成长性没有包揽全部的直接影响，则一定存在其他的对企业成长性具有负向影响的因素，比如整个宏观经济基本面的下滑、信贷政策的紧缩等，当然这也只是猜测。

第二，如果本研究所发现的不是全部的中介作用路径。在这种情况下，说明还能存在本研究所提出的路径之外的中介效应，也存在上述的两种可能，不再赘述。因此综合看来，本研究对企业背景特征影响企业成长性的贡献在于，对两者影响结果的求证，以及对所提出的中介路径的探索，但所发现的可能只是冰山的一角，对企业背景特征与企业成长性研究的探索任重而道远。

## 8.2 创新与理论贡献

本研究基于寻租理论、资源基础理论和企业成长理论，通过理论推导和相关文献的梳理，运用统计学和计量经济学相关方法进行了实证研究，并深入探讨了企业背景特征对企业成长性的作用机理。具体创新和理论贡献表现为：

首先，对企业成长性评价新的尝试。成长性是一个动态过程，意味着企业的某种发展态势，现有相关研究的企业成长性评价指标体系多采用反映企业盈利、运营等能力的静态绝对指标。这样一方面，由于样本企业的个体差异，导致某些指标的观测值具有较大的异方差，需进行标准化处理后使用，可能会降低回归结果的准确度；另一方面，这样的评价方法不能体现成长性的本质属性，无形中进行了企业间的横向比较，比如两个规模差异较大的企业，虽然小规模企业的净利润要远远小于大规模企业，但与上年的同期自身相比利润增幅较大，说明具有较好的发展势态，却不能在评价中得以体现。本研究的企业成长性指标体系的建立充分考虑了成长性的动态变化，均采用增长率的形式，既实现了企业与自身能力的纵向比较，又避免了部分指标间的多重共线性和异方差较大的问题，能够较为客观地反映企业成长性信息，这是对企业成长性评价新的尝试。

其次，本研究对企业背景特征影响企业成长性的过程，进行了中介效应的多路径综合研究。基于"企业背景特征—企业行为—成长性"逻辑分析框架，对企业背景特征与企业成长性进行了多路径的考察。当企业获得了政治资源后，会将这部分政治资源转化为行动，进而产生规模扩张、范围拓展和效能折损的三种中介效应，经过实证检验后显示，三种中介效用均在企业背景特征对企业成长性的影响中起到了部分中介作用，说明本研究对中介路径的考察是合理的。其中规模扩张效应具有正向的中介作用，范围拓展和效能折损效应具有负向的中介作用。三种效应的综合作用结果是正向的，最终影响到企业的成长性。相比于现有文献中使用的单一路径中介作用分析，这种对中介效应的多路径挖掘是一次新的尝试。

最后，在一定程度上推动了企业背景特征对企业成长性影响作用机理的探索。根据本研究结论可知，企业背景特征对企业成长性的最终影响是负向的，这其中可能存在着直接影响和通过某种中介效应的间接影响，而影响的路径等待着一个个地被挖掘。通过"企业背景特征—企业行为—成长性"逻辑分析框架，提出了规模扩张、范围拓展和效能折损三个中介效应。实证结果显示，三个中介效应的综合作用是正向的，但企业背景特征对企业成长性的最终影响又是负向的，这看似矛盾的结论实际上并不矛盾。因为当把全部中介效应的变量加入回归模型后，企业背景特征的回归系数仍然显著，说明只是部分中介效应，这意味着企业背景特征对企业成长性的影响并不是全部通过本研究所提及的三个中介效应完成的，或者存在着其他尚未发现的中介效应；或者已经没有未发现的中介路径，而是企业背景特征本身就影响着企业成长性；或者存在着对企业成长具有负向作用的其他变量等待着去发现。这一系列的"或者"正是本研究结论所带来的新的疑问，也在一定程度上推动了企业背景特征对企业成长性影响作用机理的探索。

## 8.3 研究的局限与展望

### 8.3.1 研究局限

虽然本研究在现有研究的基础上进行了一些创新性的尝试，并取得了一定程度上突破，具有一定的理论意义和现实意义，但仍具有一些研究局限。

首先，关于企业背景特征。

本研究对企业背景特征的观察局限于显性的背景特征。本研究使用的资料是通过国泰安数据库中民营上市公司所公开的高管团队的政治背景和实际控制人简历等描述性资料经过整理而得的，但那些企业高管的亲属、同学、朋友等隐性的背景特征没有被列入其中。这些隐性的背景特征多处于法律或体制框架的边缘地带，它的这种隐蔽性和私密性决定了现有的研究很难去度量这一因素，但它却真真切切地与企业的经营发展存在着千丝万缕的联系。这是本研究的局限，同时也是该研究领域的研究难点。

关于对企业背景特征强度的度量。本研究将企业背景特征的强度划分为两个等级，即中央层级的企业背景特征和地方层级的企业背景特征，虽然在一定程度上能够体现背景特征的强度，但仍然无法全部考证企业背景特征的效能的大小。这种效能可以描述为企业背景特征转化为企业所需政治资源的效率，反映了其对企业效用的大小。因此当企业背景特征作为自变量在研究中出现的时候，从企业效用的角度对企业背景特征加以更为科学的度量，可能会成为企业背景特征研究的新的视角。

其次，关于变量的选取。

本研究在范围拓展效应的变量的选取上存在局限。多元化和非相关多元化是范围拓展效应的两个变量。多元化是考察企业是否多元化的变量，非相关多元化考察企业是否跨越不相关行业发展的变量。两者具有较强的相关性，或者说多元化经营一定包括了非相关多元的经营。虽然在单独做中介作用的检验时，都通过了检验，但当考察中介效应的综合作用时，两者的共线性就体现出来，出现了此消彼长的替代关系。由此本研究在范围拓展的效应的变量选取上存在局限，后续研究可从另外的角度对多元化加以衡量。

最后，关于企业背景特征对企业成长性影响作用路径的探索。

本研究对企业背景特征对企业成长性影响作用的综合路径进行了探索性的研究，结果显示基于三个中介效应的多条路径均得到了证实。但研究发现，多条中介路径的综合作用结果只起到了部分中介作用，而不是完全中介作用。这意味着，在企业背景特征对企业成长性影响中，是否还可能存在着其他的中介路径呢？对此问题，笔者在结论的讨论中进行了推理。本研究展示了企业背景特征对企业成长性影响的最终结果，同时也验证规模扩张、范围拓展和效能折损效应的中介作用是客观存在的，研究路径是正确的。但企业背景特征与企业成长性的研究方兴未艾，解决一个问题，却带来更多的疑问，未来的探索道路任重而道远。

## 8.3.2 研究展望

在经历了对企业背景特征和企业成长的深入思考之后，带着本研究的实证研究结果，并结合上述的研究局限，形成了下面对该研究领域的一些思考与展望。

第一，对企业背景特征的科学度量仍然是未来研究的努力方向。

在当前的研究中，应用最为广泛的方法就是这种虚拟变量和赋值法相结合的方法，本研究也采用了这种方法。不同的学者根据自身的研究需要，以这种方法为基础，有的对企业背景特征的纵向层级和横向层级进行了划分，有的从企业角度的高管层级进行划分。这种划分在政治度量方面具有一定贡献，但同时也增添了一些主观评判的因素。能否从企业效用的角度，从企业背景特征信息中提取一些信息并加以度量，这样更能够解释其对企业绩效和成长性的影响，这是一个值得思考的问题。

第二，关于政治对企业成长性的作用机理有待进一步的完善。

本研究结果显示，企业背景特征对企业成长性具有抑制作用，但并不是完全由本研究所提出的三个中介效应综合作用的结果。中介效应的综合作用分析结果显示，规模扩张效应的正向中介影响和其他两个中介效应的负向影响在相互作用的过程中，全部的负向影响被正向影响抵消后，正向影响仍有剩余，最终"斗争"的结果是正向的效应占据了上风。换句话说，如果没有本研究所提出的三个中介效应的中介作用，企业背景特征对企业成长性的负向影响水平会更高。由此可以推论，是否存在其他的中介效应？企业背景特征对企业成长性是否具有直接的影响？是否还有除企业背景特征以外的其他因素被忽略了？这些疑问期待在未来的研究中得到答案。

第三，对企业背景特征是否存在着逆向选择。

企业背景特征的逆向选择是指企业的绩效反过来会影响企业对背景特征选择的现象。由于此方面的研究较为鲜见，可以尝试通过探索性案例引入的方式加以研究。企业背景特征行为是为了获得政治资源，但什么样的企业才会努力地想去获得政治资源呢？是业绩优秀的企业还是业绩差的企业呢？这样是否会发现企业的业绩或成长性与企业背景特征的异期相关性呢？这种设想应如何被证实，是否会形成"企业绩效—企业背景特征—企业绩效"的循环影响过程呢？这一系列的问题使笔者对该研究领域产生了浓厚的兴趣。这种不断产生问题、解决问题的过程正是科学研究的本质，激励着每位学者在求索的道路上不断前行。

# 参 考 文 献

奥利弗·E，威廉姆森．市场与层级制：分析与反托拉斯含义 [M]．蔡晓月，译．上海：上海财经大学出版社，2011．

白重恩，路江涌，陶志刚．中国私营企业银行贷款的经验研究 [J]．经济学（季刊），2005，4 (2)：605-622．

蔡地，万迪昉．民营企业家政治关联、政府干预与多元化经营 [J]．当代经济科学，2009，31 (6)：17-22．

陈斌，余坚，王晓津，等．我国民营上市公司发展实证研究 [J]．证券市场导报，2008 (4)：42-47．

陈岱孙．市场经济百科全书 [M]．北京：中国大百科全书出版社，1998．

陈冬华．地方政府、公司治理与补贴收入——来自我国证券市场的经验证据 [J]．财经研究，2003，29 (9)：15-21．

陈晓红，彭佳，吴小瑾．基于突变级数法的中小企业成长性评价模型研究 [J]．财经研究，2004 (11)：5-15．

陈晓红，周颖，余坚．考虑在险价值的中小企业成长性评价研究——基于沪深中小上市公司的实证 [J]．南开管理评论，2008，11 (4)：4-11．

陈泽聪，吴建芳．小型上市公司成长性指标的统计分析 [J]．财经科学，2002 (22)：305-308．

陈钊，陆铭，何俊志．权势与企业家参政议政 [J]．世界经济，2008，31 (6)：39-49．

邓建平，曾勇．政治关联能改善民营企业的经营绩效吗？[J]．中国工业经济，2009 (2)：98-108．

邓新明．我国民营企业政治关联、多元化战略与公司绩效 [J]．南开管理评论，2011，14 (4)：4-15．

杜传忠，郭树龙．经济转轨期中国企业成长的影响因素及其机理分析 [J]．中国工业经济，2012 (11)：97-109．

杜兴强，郭剑花，雷宇．政治联系方式与民营上市公司业绩："政府干预"抑或"关系"？[J]．金融研究，2009 (11)：158-173．

段升森，张玉明．企业规模与成长性：基于非线性视角与我国中小上市公司经验数据

[J]. 中国科技论坛，2011（10）：75-81.

范柏乃，沈荣芳，陈德棉. 中国风险企业成长性评价指标体系研究 [J]. 科研管理，2001，22（1）：112-117.

范纪珍，邱昕. 关于上市公司财务杠杆与成长性的实证研究——以山西为例 [J]. 经济问题，2008（4）：68-70.

方军雄. 所有制、制度环境与信贷资金配置 [J]. 经济研究，2007（12）：82-92.

冯延超. 政治关联成本与企业效率研究 [D]. 长沙：中南大学，2011.

冯昀，郭洪涛. 创业板上市民营企业成长性综合评价 [J]. 统计与决策，2013（19）：175-178.

傅冠岚. 企业多元化经营探析 [J]. 浙江外国语学院学报，2001（1）：70-73.

高铁梅. 计量经济分析方法与建模：Eviews 应用及实例 [M]. 2版. 北京：清华大学出版社，2009.

戈登·塔洛克，李政军. 关税、垄断和偷窃的福利成本 [J]. 经济社会体制比较，2001，81（1）：47-51.

葛新权. 应用统计 Applied Statistics [M]. 北京：社会科学文献出版社，2006.

郭剑花，杜兴强. 政治联系、预算软约束与政府补助的配置效率——基于中国民营上市公司的经验研究 [J]. 金融研究，2011（2）：114-128.

何轩，马骏，朱丽娜，等. 腐败对企业家活动配置的扭曲 [J]. 中国工业经济，2016（12）：106-122.

胡建人. 行业特征对企业成长性与股份波动的影响研究——基于中国上市公司数据的经验研究 [D]. 上海：复旦大学，2009.

胡旭阳，史晋川. 民营企业的政治资源与民营企业多元化投资——以中国民营企业500强为例 [J]. 中国工商管理研究前沿，2009（2）：5-14.

胡旭阳. 民营企业家的政治身份与民营企业的融资便利——以浙江省民营百强企业为例 [J]. 管理世界，2006（5）：107-113.

胡永平，张宗益. 高管的政治关联与公司绩效：基于国有电力生产上市公司的经验研究 [J]. 中国软科学，2009（6）：128-137.

黄福广，张晓，彭涛，等. 创业投资对中国未上市中小企业管理提升和企业成长的影响 [J]. 管理学报，2015，12（2）：207-214.

黄亚生. "中国模式"到底有多独特？ [M]. 北京：中信出版社，2011.

贾明，张喆. 高管的政治关联影响公司慈善行为吗？ [J]. 管理世界，2010（4）：99-113.

江雅雯，黄燕，徐雯. 政治联系、制度因素与企业的创新活动 [J]. 南方经济，2011，29（11）：3-15.

鞠晓生. 中国上市企业创新投资的融资来源与平滑机制 [J]. 世界经济，2013（4）：138-159.

赖国毅，陈超．SPSS 17.0 中文版常用功能与应用实例精讲［M］．北京：电子工业出版社，2010.

李捷瑜，江舒韵．市场价值、生产效率与上市公司多元化经营：理论与证据［J］．经济学（季刊），2009，8（3）：1047-1064.

李金洲，周敏倩．基于因子和判别分析的医药行业上市公司成长性综合研究［J］．现代管理科学，2008（1）：70-82.

李维安，王鹏程，徐业坤．慈善捐赠、政治关联与债务融资——民营企业与政府的资源交换行为［J］．南开管理评论，2015，18（1）：4-14.

李占雷，吴斯．股权结构、董事会治理与公司成长性——来自中小企业板的实证研究［J］．经济与管理，2010，5（24）：28-34.

李子奈，潘文卿．计量经济学［M］．3版．北京：高等教育出版社，2010.

梁莱歆，冯延超．民营企业政治关联、雇员规模与薪酬成本［J］．中国工业经济，2010（10）：127-137.

梁漱溟．百年国学经典选刊：中国文化要义［M］．合肥：安徽师范大学出版社，2014.

林毅夫，李永军．中小金融机构发展与中小企业融资［J］．经济研究，2001（1）：10-18.

刘彪文．企业成长论［M］．北京：线装书局，2010.

刘灿辉，干胜道．我国中小企业板块上市公司成长性实证研究［J］．上海金融学院学报，2005（4）：28-31.

刘金林．创业板上市企业成长性评价指标体系的设计及实证研究［J］．宏观经济研究，2011（8）：56-64.

刘力钢，邵剑兵．从混沌世界走向另一个混沌世界［M］．北京：经济管理出版社，2014.

刘倩．基于主成分聚类分析的中小企业成长性研究［J］．统计与决策，2011（16）：186-188.

卢相君．企业成长性评价方法研究——基于吉林省上市公司的实证检验［J］．会计之友，2011（19）：4-7.

陆亚东，孙金云．中国企业成长战略新视角：复合基础观的概念、内涵与方法［J］．管理世界，2013（10）：106-117.

逯东，林高，杨丹．"官员型"高管、公司业绩和非生产性支出——基于国有上市公司的经验证据［J］．金融研究，2012（6）：139-153.

罗党论，刘晓龙．政治关系、进入壁垒与企业绩效——来自中国民营上市公司的经验证据［J］．管理世界，2009（5）：97-106.

罗党论，唐清泉．中国民营上市公司制度环境与绩效问题研究［J］．经济研究，2009（2）：106-118.

罗党论，赵聪．什么影响了企业对行业壁垒的突破——基于中国上市公司的经验证据［J］．南开管理评论，2013，16（6）：95-105.

罗党论，甄丽明．民营控制、政治关系与企业融资约束——基于中国民营上市公司的经验证据［J］．金融研究，2008（12）：164-178.

罗明新，马钦海，胡彦斌．政治关联与企业技术创新绩效——研发投资的中介作用研究［J］．科学学研究，2013，31（6）：938-947.

马里斯，陈彪如．人道主义经济学［J］．国外社会科学文摘，1964（2）：22-27.

马跃如，段斌．董事会特征、高管激励方式与中小企业成长——基于国有样本和民营样本数据的对比研究［J］．科学学与科学技术管理，2010（4）：180-186.

曼昆．经济学原理：微观经济学分册［M］．6版．梁小民，梁砾，译．北京：北京大学出版社，2012.

慕静，韩文秀，李全生．基于主成分分析法的中小企业成长性评价模型及其应用［J］．系统工程理论方法应用，2005，14（4）：369-371.

潘红波，夏新平，余明桂．政府干预、政治关联与地方国有企业并购［J］．经济研究，2008（4）：41-52.

潘克勤．实际控制人政治身份降低债权人对会计信息的依赖吗？——基于自我约束型治理视角的解释和实证检验［J］．南开管理评论，2009，12（5）：38-46..

潘瑞姣．"多元化折价"还是"多元化溢价"——研究方法与现有结论［J］．会计与经济研究，2010，24（2）：90-96.

邵敏，包群．政府补贴与企业生产率——基于我国工业企业的经验分析［J］．中国工业经济，2012（7）：70-82.

宋增基，冯莉茗，谭兴民．国有股权、民营企业家参政与企业融资便利性——来自中国民营控股上市公司的经验证据［J］．金融研究，2014（12）：133-147.

孙晶．政治关联、多元化战略与企业成长性［D］．杭州：浙江大学，2012.

唐建新，罗文涛．产业政策、政治关联与民营企业投资［J］．商业研究，2016，62（11）：33-40.

天丽，井润田．制度环境与私营企业家政治联系意愿的实证研究［J］．管理世界，2009（8）：81-91.

田利辉，叶瑶．政治关联与企业绩效：促进还是抑制？——来自中国上市公司资本结构视角的分析［J］．经济科学，2013（6）：89-100.

田利辉，张伟．政治关联影响我国上市公司长期绩效的三大效应［J］．经济研究，2013（11）：71-86.

汪伟，史晋川．进入壁垒与民营企业的成长——吉利集团案例研究［J］．管理世界，2004（2）：132-140.

王青燕，何有世．影响中国上市公司成长性的主要因素分析［J］．统计与决策，2005（2）：61-63.

王永进，盛丹. 政治关联与企业的契约实施环境［J］. 经济学（季刊），2012，11（4）：1193-1218.

王竹. 企业成长性模型及评估体系研究［J］. 福建经济管理部学院学报，2003（1）：69-72.

卫武，田志龙，刘晶. 我国企业经营活动中的政治关联性研究［J］. 中国工业经济，2004（4）：67-75.

温忠麟. 调节效应和中介效应分析［M］. 北京：教育科学出版社，2012.

巫景飞，何大军，林暐，等. 高层管理者政治网络与企业多元化战略：社会资本视角——基于我国上市公司面板数据的实证分析［J］. 管理世界，2008（8）：107-118.

吴灏文，贾俊卿，迟国泰. 上市公司成长性与现金股利的实证研究［J］. 大连理工大学学报，2007（4）：31-35.

吴敬琏，马国川. 重启改革议程：中国经济改革二十讲［J］. 学习月刊，2013（5）：58.

吴军，白云霞. 我国银行制度的变迁与国有企业预算约束的硬化——来自1999—2007年国有上市公司的证据［J］. 金融研究，2009（10）：179-192.

吴明隆. SPSS统计应用实务：问卷分析与应用统计［M］. 北京：科学出版社，2003.

吴世农，李常青，余玮. 我国上市公司成长性的判定分析和实证研究［J］. 南开管理评论，1999（4）：49-57.

吴文锋，吴冲锋，刘晓薇. 中国民营上市公司高管的政府背景与公司价值［J］. 经济研究，2008（7）：130-141.

吴文锋，吴冲锋，芮萌. 中国上市公司高管的政府背景与税收优惠［J］. 管理世界，2009（3）：134-142.

吴晓波. 民企如何把握与政治的距离［J］. 房地产导刊，2007（8）：44-48.

夏清华，李雯. 企业成长性评价的研究特征述评——基于元研究的量化分析［J］. 中国软科学，2010（S1）：290-296.

徐业坤，李维安. 政绩推动、政治关联与民营企业投资扩张［J］. 经济理论与经济管理，2016，V36（5）：5-22.

杨京京. 民营企业政治关联、多元化战略与绩效的关系研究［D］. 广州：华南理工大学，2011.

杨其静. 企业成长：政治关联还是能力建设？［J］. 经济研究.2011（10）：54-66，94.

杨瑞龙，杨其静. 企业理论：现代观点［M］. 北京：中国人民大学出版社，2005.

杨小凯，黄有光. 专业化与经济组织［M］. 北京：经济科学出版社，1999.

于蔚，汪淼军，金祥荣. 政治关联和融资约束：信息效应与资源效应［J］. 经济研究，2012（9）：125-139.

于蔚. 规模扩张和效率损失：政治关联对中国民营企业发展的影响研究［D］. 杭州：浙江大学，2013.

于蔚. 政治关联为何降低企业绩效——基于生产效率的解释 [J]. 浙江社会科学，2016 (4)：4-14.

余建英. 数据统计分析与 SPSS 应用 [M]. 北京：人民邮电出版社，2003.

余明桂，回雅甫，潘红波. 政治联系、寻租与地方政府财政补贴有效性 [J]. 经济研究，2010 (3)：65-77.

余明桂，潘红波. 政治关系、制度环境与民营企业银行贷款 [J]. 管理世界，2008 (8)：9-21.

袁淳，荆新，廖冠民. 国有公司的信贷优惠：信贷干预还是隐性担保？——基于信用贷款的实证检验 [J]. 会计研究，2010 (8)：49-54.

约翰·穆勒. 政治经济学原理及其在社会哲学上的若干应用 [M]. 赵荣潜，译. 北京：商务印书馆，1991.

曾江洪. 中小企业公司治理与成才性的关系研究 [D]. 长沙：中南大学，2007.

张多蕾，张盛勇. 企业政治关联指数模型构建研究 [J]. 财经问题研究，2013 (1)：104-111.

张厚义. 从阶层意识看私营企业家的政治要求 [J]. 中国企业家，2003 (5)：152-154.

张敏，黄继承. 政治关联、多元化与企业风险——来自我国证券市场的经验证据 [J]. 管理世界，2009 (7)：156-164.

张维迎，周黎安，顾全林. 高新技术企业的成长及其影响因素：分位回归模型的一个应用 [J]. 管理世界，2005 (10)：94-101.

张维迎. 企业寻求政府支持的收益、成本分析 [J]. 新西部，2001 (8)：55-56.

张秀生，刘伟. 创业板上市企业成长性影响因素研究 [J]. 统计与决策，2013 (15)：181-183.

章细贞，龙媚. 政治关联对民营企业成长性影响的实证研究 [J]. 中南大学学报（社会科学版），2015 (1)：119-126.

赵天翔，李晓丽. 高新技术创业企业的成长性评价 [J]. 华北电力大学学报（社会科学版），2003 (1)：31-34.

郑建明，刘琳，刘一凡. 政治关联的结构特征、多元化驱动与公司价值 [J]. 金融研究，2014 (2)：167-179.

中国企业管理百科全书委员会. 中国企业管理百科全书：增补卷 [M]. 北京：企业管理出版社，1990.

周志丹. 高新技术企业成长性评价的实证分析 [J]. 工业技术经济，2007，26 (11)：38-41.

Adhikari A，Derashid C，Zhang H. Public Policy，Political Connections，And Effective Tax Rates：Longitudinal Evidence From Malaysia [J]. Journal Of Accounting & Public

Policy, 2006, 25 (5): 574 - 595.

Allan Macpherson. Robin Holt. Knowledge, Learning And Small Firm Growth: A Systematic Review Of The Evidence [J]. Elsevier Research Policy. 2007 (36): 172 - 192.

Amit R, Schoemaker P J H. Strategic Assets And Organizational Rent [J]. Strategic Management Journal, 1993, 14 (1): 33 - 46.

Ang J, Boyer C. Finance And Politics: The Wealth Effects Of Special Interest Group Influence During The Nationalisation And Privatisation, Of Conrail [J]. Cambridge Journal Of Economics, 2007, 31 (2): 193 - 215.

Anup Agrawal, Charles R. Knoeber. Do Some Outside Directors Play A Political Role? [J]. The Journal Of Law And Economics, 2001 (44): 179 - 198.

Barney J. Firm Resources And Competitive Advantage [J]. Journal Of Management, 1991, 17 (3): 99 - 120.

Baumol W J. On The Theory Of Expansion Of The Firm [J]. American Economic Review, 1962, 52 (5): 1078 - 1087.

Berle A A, Means G C. The modern corporation and private property [M]. Macmillan, 1933.

Bertrand M. Politically Connected Ceos And Corporate Outcomes: Evidence From France [J]. Unpublished Manuscript, 2004 (7): 32 - 39.

Bhagwati J N. Directly Unproductive Profit - Seeking (Dup) Activities [J]. Journal Of Political Economy, 1982, 90 (5): 988 - 1002.

Cassia L, Colombelli A. Growth factors in medium - sized enterprises: the case of an Italian region [J]. International Entrepreneurship & Management Journal, 2010, 6 (4): 437 - 458.

Chandler, Alfreddupont. The Visible Hand: The Managerial Revolution In American Business [M]. The Belknap Press Of Harvard University Press, 1978.

Charumilind C, Kali R. Wiwattanakantang Y Connected Lending: Thailand Before The Financial Crisis [J]. Journal Of Business, 2006, 79 (1): 181 - 218.

Claessens S, Feijen E, Laeven L. Political Connections And Preferential Access To Finance: The Role Of Campaign Contributions [J]. Journal Of Financial Economics, 2008, 88 (3): 554 - 580.

Claessens S, Tzioumis K. Measuring Firms' Access To Finance [J]. World Bank, 2006 (3): 145 - 152.

Cooper A C, Gimeno Gascon F J, Woo, C. Y. Initial Human And Financial Capital As Predictors Of New Venture Perforraance [J]. Journal Of Business Venturing, 1994, (9): 25 - 371.

Delmar F, Davidsson P, Gartner W B. Arriving At The High [J]. Journal Of Business Venturing, 2003, 18 (2): 189 - 216.

Demsetz H. Economic, Legal, And Political Dimensions Of Competition [M]. Economic, Legal, And Political Dimensions Of Competition. North - Holland; 1982: 432 - 432.

Din I S. Politicians And Banks: Political Influences On Government - Owned Banks In Emerging Markets [J]. Journal Of Financial Economics, 2005, 77 (2): 453 - 479.

Donckels R, Miettinen A. Entrepreneurship And Sme Research: On Its Way To The Next Millenium [M]. Ashgate, 1997.

Eisenhardt K J A Martin. Dynamic Capabilities: What Are They? [J]. Strategic Management Journal, 2000 (3): 1105 - 1121.

Faccio M, L H P Lang. The Ultimate Ownership Of Western European Corporations [J]. Journal Of Financial Economics, 2002 (65): 365 - 395.

Faccio M, Masulis R W, Mcconnell J J. Political Connections And Corporate Bailouts [J]. The Journal Of Finance, 2006, 61 (6): 2597 - 2635.

Faccio M. Politically Connected Firms [J]. Social Science Electronic Publishing, 2004, 96 (1): 369 - 386.

Fan J P H, Wong T J, Zhang T. Politically Connected Ceos, Corporate Governance, And Post - Ipo Performance Of China's Newly Partially Privatized Firms [J]. Journal Of Financial Economics, 2007, 84 (2): 330 - 357.

Feindt S, Jeffcoate J, Chappell C. Identifying Success Factors For Rapid Growth In Sme E - Commerce [J]. Small Business Economics, 2002, 19 (1): 51 - 62.

Firth M, Lin C, Liu P, Wong S M L. Inside the Black Box: Bank Credit Allocation in China's Private Sector [J]. Journal of Banking & Finance, 2009, 33 (6): 1144 - 1155.

Fisman R. Estimating The Value Of Political Connections [J]. American Economic Review, 2001, 94 (4): 1095 - 1102.

Ghosh B C, Liang T W, Meng T T, et al. The Key Success Factors, Distinctive Capabilities And Strategic Thrusts Of Top Smes In Singapore [J]. Journal Of Business Research, 1998, 51 (3): 209 - 221.

Goldman E, Rocholl J, So J. Do Politically Connected Boards Affect Firm Value? [J]. Social Science Electronic Publishing, 2006, 22 (6): 2331 - 2360.

Grossman S J, Hart O D. The Costs And Benefits Of Ownership: A Theory Of Vertical And Lateral Integration [J]. Journal Of Political Economy, 1986, 94 (4): 691 - 719.

Huang Y. Selling China, Foreign Direct Investment During The Reform Era [M]. Cambridge: Cambridge University Press, 2003.

Jane W Lu，Paul W. Beamish. Sme Internationalization And Performance. Growth Vs Profitability [J]. Int Entrepr，2006 (4)：27 - 38.

Jiahui M A. Relationship Between Capital Structure and Firm Performance，Evidence From Growth Enterprise Market in China [J]. Management Science & Engineering，2015，9 (1)：90 - 101.

Johnson S，Mitton T. Cronyism And Capital Controls：Evidence From Maiaysia [J]. Journal Of Financial Economics，2003 (67)：351 - 382.

Khwaja A I，Mian A. Do Lenders Favor Politically Connected Firms? Rent Provision In An Emerging Financial Market [J]. Quarterly Journal Of Economics，2005，120 (4)：1371 - 1411.

Krueger A O. The Political Economy Of The Rent - Seeking Society [J]. American Economic Review，1974，64 (3)：291 - 303.

Laurence G Weinzinameer，Bradley University，Paul C. Nystrom Sarah J Freema. Measuring Organizational Growth：Issues，Consequences And Guideline [J]. Journal Of Management，1998，2 (24) 215 - 223.

Leibenstein H，Tinbergen J. Shaping The World Economy：Suggestions For An International Economic Policy，Twentieth Century Fund [J]. Economic Journal，1966，76 (301)：92.

Li H，Zhang Y. The Role Of Managers' Political Networking And Functional Experience In New Venture Performance：Evidence From China's Transition Economy [J]. Strategic Management Journal，2007，28 (8)：791 - 804.

Mackinnon D P. Introduction To Statistical Mediation Analysis [J]. American Journal Of Public Health & The Nations Health，2008，23 (3)：1 - 8.

Macmillan J. Markets In Transition [C]. Advances In Economics And Econometrics，Volume Ii，Edited By David M. Kreps And Kenneth F. Wallies，Cambridge：Cambridge University Press，1997：210 - 239.

Mauro P. The Persistence Of Corruption And Slow Economic Growth [J]. Imf Economic Review，2004，51 (1)：1 - 1.

Miller P，Gordon C，Burchell G. The Foucault Effect：Studies In Governmentality [J]. European Journal Of Cancer，1991，50 (11)：19.

Niessen A，Ruenzi S. Political Connectedness And Firm Performance：Evidence From Germany [J]. German Economic Review，2010，11 (4)：441 - 464.

Penrose，Edith Tilton. 企业成长理论 [M]. 赵晓，译. 上海：上海三联书店，上海人民出版社，2007.

Peteraf M A. The Cornerstones Of Competitive Advantage：A Resource‐Based View ［J］. Strategic Management Journal，1993，14（3）：179‐191.

Prahalad C，Hamel G. The Core Competence Of The Corporation ［J］. Harvard Business Review，1990，68（3）：275‐292.

Rajan R G，Zingales L. Which Capitalism? Lessons Form The East Asian Crisis ［J］. Journal Of Applied Corporate Finance，1998，11（3）：40‐48.

Sandven T. Location，education and enterprise growth ［J］. Applied Economics Letters，2013，20（10）：1019‐1022.

Sapienza P. The Effects Of Government Ownership On Bank Lending ［J］. Journal Of Financial Economics，2004，72（2）：357‐384.

Schoar A. Effects Of Corporate Diversification On Productivity ［J］. The Journal Of Finance，2002，57（6）：2379‐2403.

Sekkat K，Méon P G. Does Corruption Grease Or Sand The Wheels Of Growth? ［J］. Public Choice，2005，122（1）：69‐97.

Shaffer B. Firm‐Level Responses To Government Regulation：Theoretical And Research Approaches ［J］. Journal Of Management：Official Journal Of The Southern Management Association，1995，21（3）：495‐514.

Shleifer A，Vishny R W. Corruption ［J］. Nber Working Papers，1993，108（3）：599‐617.

Shleifer A，Vishny R W. Politicians And Firms ［J］. Quarterly Journal Of Economics，1994，109（4）：995‐1025.

Shleifer A，Vishny R W. The Grabbing Hand：Government Pathologies And Their Cures ［J］. American Economic Association Papers & Proceedings，2000，87（2）：354‐358.

Slevin D P，Covin J G. New venture strategic posture，structure，and performance：An industry life cycle analysis ［J］. Journal of Business Venturing，1990，5（2）：123‐135.

Smith Adam. 国民财富的性质和原因的研究 ［M］. 郭大力，译. 北京：商务印书馆，1972.

Stigler G J. Price And Non‐Price Competition ［J］. Journal Of Political Economy，1968，76（1）：149‐154.

Syed Fida Hussain Shah，Tahira Nazir，Khalid Zaman，et al. Factors Affecting the Growth of Enterprises：A Survey of the Literature from the Perspective of Small‐and Medium‐Sized Enterprises ［J］. Journal of Enterprise Transformation，2013，3（2）：53‐75.

Tsang，Denise. Foreign Direct Investment Within The European Microcomputer Industry：Temporal，Locational And Vertical Linkage Strategies. ［J］. University Of Reading，1998（11）：79‐89.

Tullock G. More On The Welfare Costs Of Transfers ［J］. Kyklos，1974，27（2）：378‐381.

Tullock G. The Welfare Costs Of Tariffs, Monopolies, And Theft [J]. Economic Inquiry, 1967, 5 (3): 224 - 232.

Walder A G. Local Governments As Industrial Firms: An Organizational Analysis Of China's Transitional Economy [J]. American Journal Of Sociology, 1995, 101 (2): 263 - 301.

Wang Yonggui, Hing Polo, Zhang Yuli. The Key Determinants Of Superior Growth Performance Of Entrepreneurial Firms: Evidence Fromchina [C], Proceedings Of The 9th International Annual Conference Of European Operations Management Association (Euroma): Operations Management And The New Economy, Copenhagen 2 - 4 June 2002, Aalborg University, Denmark, 1565 - 1578.

Wernerfelt B. A Resource - Based View Of The Firm [J]. Strategic Management Journal, 1984, 5 (2): 171 - 180.

Whited T M, Wu G. Financial Constraints Risk [J]. Review Of Financial Studies, 2006, 19 (2): 531 - 559.

Williamson O E. The Economics Of Discretionary Behavior [C]. Managerial Objectives In The Theory Of The Firm. Prentice - Hall. 1964.

# 后　记

本书是在博士论文基础上修改而成的。对民营企业的背景特征问题的关注源于我攻读博士学位期间对我国民营企业未来的思考。我国民营企业面临着资金、市场、人才等诸多资源方面的约束，背景特征的建立在一定程度上缓解了这种资源约束，但同时可能对企业的成长产生了一定的负向影响。本书以企业背景特征的测度为基础，探索了背景特征对企业成长性的作用机理。博士毕业后，我在2017年申请了辽宁省教育厅项目"民营企业政治关联影响企业成长性的作用机理研究"（编号：0701711）和渤海大学的校内博士启动项目"中国民营企业政治关联对企业成长的影响研究"，进行了后续的深入研究。

我自觉浅陋、朴拙。本书能够成稿，我要衷心感谢老师、领导、同事、同学、朋友和亲人。首先，对导师辽宁大学刘力钢教授表示感谢！刘老师知识渊博、治学态度严谨、视野开阔、思维敏锐、胸襟豁达、为人谦诚，有幸成为他的学生是我的一生幸运；其次，感谢辽宁大学商学院的老师们，多年来各位老师无私地给我知识宝库的"钥匙"，周菲教授、赵德志教授、李雪欣教授、黄速建教授、姚海鑫教授、霍春辉教授、邵剑兵教授对本书的研究方法、学术观点、内容结构都提出了宝贵的意见与建议，感谢他们在学术上的引领、启发，也感谢他们在生活上对我家庭的关心和帮助，与他们亦师亦友的关系，使我受益良多；最后，感谢诸多同事、同学、朋友和亲人的支持与帮助。

还要感谢渤海大学"民营经济研究院"这个平台和"工商管理"学科点的支持，才使本书有机会面世。

此外，在项目研究和本书撰写过程中，我还参考了国内外许多学者的著作和论文，在此也向他们表示感谢。当然，由于时间、研究经费及研究水平的限制，本书还存在许多不足之处，真诚希望读者给予批评指正。

祖　峰

2020 年 4 月于辽宁锦州

**图书在版编目（CIP）数据**

民营企业背景特征对成长性的影响研究 ／ 祖峰著
. —北京：中国农业出版社，2020.7
　　ISBN 978-7-109-26924-8

　　Ⅰ．①民…　Ⅱ．①祖…　Ⅲ．①民营企业－上市公司－
企业管理－研究－中国　Ⅳ．①F279.245

　　中国版本图书馆 CIP 数据核字（2020）第 098067 号

中国农业出版社出版
地址：北京市朝阳区麦子店街 18 号楼
邮编：100125
责任编辑：刘明昌
版式设计：王　晨　　责任校对：吴丽婷
印刷：北京印刷一厂
版次：2020 年 7 月第 1 版
印次：2020 年 7 月北京第 1 次印刷
发行：新华书店北京发行所
开本：720mm×960mm　1/16
印张：9.5
字数：160 千字
定价：42.00 元